성의 시작

팔머 로벗슨 지음
강 규 성 옮김

기독교문서선교회(Christian Literature Crusade: 약칭 CLC)는
1941년 영국 콜체스터에서 켄 아담스에 의해 시작되었으며
국제 본부는 영국의 쉐필드에 있습니다.
현재 약 650여명의 선교사들이 59개 나라에서 180개의 본부를 두고,
이동도서차량 40대를 이용하여 문서 보급에 힘쓰고 있으며
이메일 주문을 통해 130여국으로 책을 공급하고 있습니다.
CLC는 청교도적 복음주의 신학과 신앙을 선포하는
국제적, 초교파적, 비영리 문서선교기관으로서, 하나님의 뜻에 합당한 책을 만들고
이 책을 통해 단 한 영혼이라도 구원되길 소망하며
이를 위해 주님이 오시는 그날까지 최선을 다할 것입니다.

The Genesis of Sex

SEXUAL RELATIONSHIPS

IN THE FIRST BOOK OF THE BIBLE

by O. Palmer Robertson
translated by Kang Kyu-sung

Copyright © 2002 by O. Palmer Robertson
Originally published in English under the title
as *The Genesis of Sex: sexual relationships in the first book of the Bible*
by Presbyterian and Reformed Publishing Company.
Translated by permission of Presbyterian and Reformed Publishing Company,
1102 Marble Road, Phillipsburg, New Jersey, 08865, USA.
All rights reserved.

Korean Edition
Copyright © 2005 by Christian Literature Crusade, Seoul, Korea

저자 서문

하나님은 처음 사람을 창조하시고 그에게 세 가지 놀라운 책임을 맡기셨다.

첫째, 하나님은 사람에게 창조자를 예배하는 특권과 책임을 주셨다. 이 명령(worship mandate)으로 인해 사람은 생명을 주시고 모든 복의 근원이신 하나님을 경외할 책임을 지니게 되었다. 여호와 하나님은 안식일을 복되고 거룩하게 하심으로 사람들로 하여금 이 날에 창조자 하나님께 영광을 돌리게 하셨다(창 2:3).

둘째, 하나님은 사람에게 결혼을 명령하셨다. 이 명령을 통해 창조자는 인간에게 "생육하고 번성하여 땅에 충만"(창 1:28)할 권한을 주셨다. 이 명령은 전적으로 성적 관계 속에 있는 인간에 대한 하나님의 뜻을 함축하고 있다.

셋째, 하나님은 사람에게 문화 명령을 주셨다. 모든 만물의 영장으로서 인간은 하나님의 영광을 위하여 땅을 정복할 책임이 있다(창 1:28c). 창조 안에 있는 모든 잠재적 가능성은 인간이 이용할 수 있는 동시에 하나님의 영광을 위하여 충분히 활용될 수 있도록 만들어졌다는 것이다.

여기서 우리가 살펴보고자 하는 것은 하나님의 두 번째 창조 명령, 즉 결혼 명령이다. 결과적으로 오늘날 세계는 애석하게도 전능하신 창조자의 관심 안에 있는 인간의 성(性) 영역을 다루는 시각을 상실했다. 마음의 중심에 "하나님이 없다"(시 14:1)고 말하는 자를 어리석은 자라고 정의하는 것처럼, 인간의 성 영역에서 볼 때 현대인의 삶은 무질서한 욕망의 바다에 던져진 "요동하는 배"로 간주하는 것이 올바를 것이다.

오늘날 이 혼돈의 상태에서 어떤 이들은 성이 분명히 존재한다는 것을 부인하고 싶어 한다. 어떤 이들은 성을 하나의 신으로 믿는다. 이 극단적인 두 입장 사이에 성에 대한 올바른 견해가 자리하고 있다. 이 견해는 성이 하나님의 창조의 한 부분으로서 인간 삶에 중요한 역할을 한다는 것을 인정하고 있다.

성의 주제를 충분히 그리고 적절하게 다룬 것 중 하나가 창세기이다. 창세기는 성경 문학의 시작이기 때문에 그 자체로 "시작들의 책"(book of beginnings)이라고 표현한다. "이것들은 …의 세대들이다"라는 구절이 창세기에서 열 번 언급되었다. 이 열 번의 '세대'의 표기는 현재 세상의 상태를 설명할 수 있는 기원들에 대한 통찰력을 얻게 한다.[1] 인류 시작의 문맥에서 실제로 모든 종류의 성적 관계는 창세기에서 발견할 수 있다. 창세기에는 결혼에 대한 창조 명령이 시작된 후 로맨스의 실례, 즉 삼각관계(the love-triangle), 독신, 이혼, 짝사랑(unrequited love), 간

---

1) 히브리어 문장, '엘레 톨레돗…' (역자 첨가)의 영어 번역 "이것들은 …의 세대이다" (These are the generatings)라는 문장이 영어 성경에 매우 적합하지 않을지라도 '엘레 톨레돗'의 개념을 잘 전달하는 최선의 번역이다. 다른 영어 역본들은 이 구절을 "이것들은 …의 세대이다"(These are the generatings, KJV, RSV); "이것은 …의 기사이다"(This is the account of…, NIV); "이것은 …의 후손의 역사이다"(This is the history of the descendants of…, NLB)라고 번역한다. 이 구절은 약간 수정된 형태로 창 2:4; 5:1; 6:9; 10:1; 11:10; 11:27; 25:19; 36:1; 36:9; 37:2에 나타난다.

통, 성폭행 그리고 무수히 많은 인간의 성에 대한 다른 선언들이 아주 자연스럽게 나타나 있다. 종종 이러한 관계들이 매우 상세하게 설명되어 있다.

우리는 성적으로 문란한 현대인들을 도울 수 있는 많은 통찰력을 창세기의 "내러티브 신학"에서 얻을 수 있을 것이다. 즉, 창세기는 내러티브 형식을 통해서 하나님의 신실하심을 매우 분명하게 전달하고 있다. 또 우리는 매우 중요한 주제, 즉 창조자 하나님, 구속자 그리스도, 정결케 하시는 성령님께서 중대한 관심을 가지고 계시는 주제에 관해 지혜를 얻을 것이다.

이 연구는 창세기에 나타난 20개의 다양한 성적 관계들을 검토할 것이다. 이 연구의 초점은 좁은 의미의 성적 개념, 즉 개인들 사이에 성적 반응을 일으키는 신체적 접촉으로서의 성이 아니라, 좀더 넓은 의미의 성, 성적 본능, 욕망이 만들어 내는 결과들에 있다.[2] 나는 창세기가 시작들에 관한 책으로서 현대 사회가 매우 필요로 하는 건강한 성 이해를 제공하기 원한다.

---

2) *The New Shorter Oxford English Dictionary*, ed. Lesley Brown(Oxford: Clarendon, 1993), 2:2801.

역자 서문

창조주 하나님은 인간을 성적인 존재로 창조하셨다. 따라서 인간은 요람에서 무덤까지 성적 존재로 살아간다. 또한 인간의 성은 개인의 차원을 넘어 사회적 성격을 지니기에 인간의 행복과 불행에 직·간접적인 영향을 준다. 불행하게도 현 사회는 왜곡된 성 이해와 일그러진 성 문화로 혼란을 겪고 있다. 심지어 거룩한 삶을 추구하는 기독교 공동체조차도 성에 대해 균형을 잡지 못한 채 흔들리고 있다. 특히 현대 그리스도인들은 과거 그 어느 세기와도 견줄 수 없을 정도로 성 지향적이며 성적 방향 감각을 잃은 문화 속에 살아가고 있다. 이 일그러진 성 문화의 배후에는 시대적 조류라는 사회, 문화 현상이 있지만, 성에 대한 인간의 무지가 더 큰 요인으로 자리하고 있다.

인간의 성에 대한 창조주의 원리와 계획을 실행하는 것이 일그러진 성 문화를 바로 세우는 길이자 혼란한 성 문화에서 벗어나는 길이다. 팔머 로벗슨(O. Palmer Robertson)은 바로 이 점을 인식하고 인간의 성에 대한 창세기적 조망을 시도했다. 그는 인간사에서 발생하는 많은 성적인 문제들을 창세기에서 찾아내어 그 해답을 제공한다. 그가 인간의 성 문제에 대한 창세기적 조망을 시도한 것은 그의 책 원제 『성의 시작』(*The Genesis of Sex*)에서 짐작할 수 있듯이 창세기를 기원의 책으로 보았기 때문이다. 그는 인간의 성과 관련된 주제를 크게 여섯 장으로 구분하여 설명한다. 제1장은 '성과 삶의 시작'으로 창조자의 계획을 다룬다. 제2장은 '성과 결혼'으로 '예정된 결혼', '로맨스와 결혼' 등 결혼과 관련된 여러 주제들을 다룬다. 제3장은 '성과 후손들'로 결혼을 통한 후손에 관한 문제를 다룬다. 제4장은 '성과 죄'로 성폭행 등 인간의 다양한 성적인 죄들에 대한 문제를 다룬다. 제5장은 '성과 독신'으로 '미혼', '고독'의 문제를 다룬다. 마지막 제6장은 '성과 인생의 마지막'으로 무덤은 종말이 아니라 다가오는 세대의 새로운 기쁨이라고 말한다.

이 책의 특징은 인간의 삶을 성적인 측면에서 조망하고 그것을 창세기에 나타난 실례들을 통해 명확하게 보여주려 했다는 점이다. 특별히 팔머 로벗슨은 모든 성적인 문제를 문제로만 다루지 않고, 새 언약의 주이신 예수 그리스도의 구속 아래 새로운 가능성을 찾고 있다. 그가 언약신학에 기초하여 인간의 성적인 문제를 폭넓고 깊게 조망한 것은 감탄할 만한 일이다. 역자는 책의 내용을 고려하여 원제 *The Genesis of Sex*를 『성의 시작』이라는 제목으로 번역하게 됨을 영광스럽게 여긴다. 역자는 독자들이 이 책을 통해 성에 대한 하나님의 원대한 뜻을 알고 실행함으로, 혼탁한 이 세대 속에서 규모 있는 삶을 살기 원한다. 또한 역자의 지식의 한계로 인해 저자의 풍부한 의미를 충분히 전달하지 못할 수 있음을 인정하고 독자들에게 양해를 구한다. 이 책을 번역할 수 있도록 허락해 주시고 출판해 주신 사단법인 기독교문서선교회에 감사드린다.

2006년 2월 25일 성(性)의 거룩을 소망하며
상계동 연구실에서
강규성 識

목 차

저자 서문 · 5
역자 서문 · 8

제1장 성과 삶의 시작 13
    1. 창조자의 계획 · 15

제2장 성과 결혼 21
    1. 예정된 결혼 · 23
    2. 로맨스와 결혼 · 32
    3. 결혼선택의 결과 · 43
    4. 삼각관계 · 46
    5. 신자와 불신자의 결혼 · 50
    6. 잘못된 결혼 · 61
    7. 짝사랑 · 67
    8. 가족관계 · 71
    9. 이혼 · 74
    10. 재혼 · 79

제3장 성과 후손들 ... 81
  1. 언약의 후손 · 83
  2. 불임 · 88
  3. 편부모 · 95
  4. 제3세대 · 102

제4장 성과 죄 ... 105
  1. 최초의 타락 중의 성 · 107
  2. 경솔함 · 114
  3. 음욕 · 118
  4. 간통 · 125
  5. 성폭행 · 132
  6. 근친상간 · 138
  7. 동성애 · 142

제5장 성과 독신 ... 149
  1. 미혼 · 151
  2. 고독 · 156
  3. 홀로된 자 · 160

제6장 성과 인생의 마지막 ... 165
  1. 무덤은 종말이 아니다 · 167

결론 · 175
성경 색인 · 177

제1장

성과 삶의 시작

■ ■ ■ ■ ■

1. 창조자의 계획

성의 시작

1. 창조자의 계획

■■■■■

내가 그 남자에게 상응하는 조력자를 만들 것이다(창 2:18*).

창조자는 사람이 독처하는 것이 좋지 않다고 선언하셨다(창 2:18). 땅에는 사람의 파트너가 되기에 적합한 피조물이 아직 없었다(창 2:20b). 개, 고양이, 앵무새, 말, 뱀, 고기 등 동물세계의 모든 피조물들은 인간의 애완동물이 되었다. 그러나 애지중지하는 애완동물들이 동등한 파트너는 아니다. 그래서 하나님은 창조 시에 '남자에 상응하는 조력자' 인 '여자' 를 만들었다. 이 새로운 피조물은 남자로부터 취해졌기 때문에 그 남자에게 완벽하게 적합했다. 그들의 관계에 독특성과 친밀성, 불변성을 보증해 주면서 말이다(창 2:21-23).

여자의 창조를 자세히 묘사하는 내러티브는 창조 시 하나님의 목적에 있어서 여자의 중요성을 강조한다. 어떤 주석가의 말처럼, "창세기 2장은 고대 근동에서 여자의 의미를 이해하는 것과는 다르고 독특하다."[1] 하나님에 의한 승인은 이 허락하신 첫 성적 관계를 위해 주님 자신이 여자를 남자에게로 데리고 왔다는 진술에 의해 생생해진다(창 2:22). 유대 전승이

---

*는 저자의 번역을 의미한다.

1) Claus Westermann, *Genesis 1-11: A Commentary*(London: SPCK, 1984), 232. 베스터만은 창세기 내러티브를 신화의 범주에 두기 때문에, 본문 속 여자의 중요성에 대한 그의 주석은 정확하다.

표현하는 것처럼, "하나님은 첫 인류 커플을 위해 **들러리**(best man)로 행동하셨다."[2] 결혼 관계의 중요성은 남자가 부모와 맺은 계약 관계를 떠나도록 명령받았고, 그와 그의 아내 사이에 맺은 계약을 떠나도록 명령받지 않았다는 데서 나타난다. 결혼이 기초한 연합은 부모에 대한 자녀의 유별난 애착, 그리고 자녀에 대한 부모의 애착과 같은 인간관계보다 더 깊다.[3] 이 강력한 결속은 여자가 남자로부터 만들어지는 과정에서 그 기원을 찾을 수 있다. 아마도 아담의 갈비뼈에서 온 하와의 기원에 대한 중요성을 약간 확대해석하는 것이긴 하겠지만, 매튜 헨리(Matthew Henry)의 말은 다른 어느 것이 아니라, 그 색다름 때문에 주목할 만하다.

> 그의 꼭대기에 오르도록 그의 머리에서 만들지 않았고, 그에게 짓밟히도록 그의 발에서 취하지 않았으며, 그와 동등하게 되도록 그의 측면에서 취함으로써 그의 팔로 보호받고 그의 심장 가까이에 있어 사랑받도록 했다.[4]

또 다른 주석가는 다음과 같이 말한다.

"죽음처럼 강한"(아 8:6) 이 사랑이 어디서 왔고, 자신의 부모에게 결합된 것보다 더 강한, 서로를 위한 내적 밀착성은 어디서 왔기에, 서로를 향한 이

---

[2] Benno Jacob, *The first Book of the Bible: Genesis*(New York: Ktav, 1974), 21.
[3] "결혼에 대한 남자의 우선적 변화. 사전에 그의 첫 책임은 부모에게 있다. 후의 책임은 그의 아내에게 있다"(Gordon J. Wenham, *Genesis 1-15*, Word Biblical Commentary〈Waco: Word, 1987〉), 71.
[4] David Atkinson, *The Message of Genesis 1-11*(Leicester: InterVasity, 1990), 71에서 재인용.

욕구는 다시 한 몸이 될 때까지 쉬지 않는가? 그것은 하나님께서 여자를 남자에게서 취하여 그들이 본래 한 몸이었다는 사실에서 온다.[5]

남자는 사회적 피조물(a social creature)로 계획되었기 때문에 하나님은 그를 위해 닮은 사람을 만들었다. 하나님께서 만든 동료는 누구인가! 남자를 위해 만든 이 여자에 대한 놀라움은 존 밀턴(John Milton)이 아담이 깊은 잠에서 깨어났을 때 하와에 대해 느낀 그의 첫 인상을 묘사한 것 속에서 불멸의 것이 되어 왔다.

> 사람은 동일하지만 성이 다르고 매우 아름답고 매력적이며
> 모든 세상에서 매력적으로 보이던 것이 지금은 천하게 보이고
> 모든 것이 그녀 속에 합해져 그녀의 표정과 모습 속에 있는 것 같고
> 그때로부터 이전에 느끼지 못했던 달콤함이 내 마음속으로 스며들고
> 사랑의 정신과 연애의 기쁨이
> 그녀의 아름다운 자태로부터 만물 속에 스며들었다.
>
> 우아함이 그녀의 모든 걸음에 있고, 그녀의 눈에는 천국이,
> 그녀의 모든 몸짓에는 위엄과 사랑이 있다.[6]

창조자가 의도한 결혼 관계의 내적 구조는 남자와 관련하여 여자를 설명하는 내용에 충분히 요약되어 있다. 여자는 남자에게 '상응하는 조력자'로 만들어졌다. 남편과 아내의 관계에 있어 완전한 균형은 여자가 그

---

5) Gerhard von Rad, *Genesis: A Commentary*(Philadelphia: Westminster, 1976), 85.
6) John Milton, *Paradise Lost*, book 8, lines 471-78, 488-89.

남자의 '조력자'라는 사실과 또한 그에게 '상응하도록' 창조되었다는 사실에서 찾아볼 수 있다. 그녀는 그의 '조력자'이지만, 인간으로서는 그와 동등하다. 이 질서는 사도 바울이 남자가 여자를 위하여 창조된 것이 아니라, 여자가 남자를 위하여 창조되었다고 진술하는 새 언약 속에서 확인할 수 있다(고전 11:9). 동시에 여자가 남자에게서 독립적이지 않은 것처럼, 남자 또한 여자에게서 독립적이지 않다(고전 11:11). 창조자는 창조의 시작에서부터 여자가 남자의 조력자가 되도록 특별하게 계획하셨다. 여자는 남자와 동등한 개성을 가지고 있고, 남자와 마찬가지로 창조자의 형상으로 만들어졌다. 단지 여자가 하나님의 형상으로 창조된 인격으로서 충분한 잠재력을 깨달을 때만 남자의 조력자로서 의도된 여자의 역할을 충분히 감당할 수 있다.

남자와 여자에게 주어진 근본적인 책임은 "생육하고 번성하여 땅에 충만하고 정복하라"(창 1:28, KJV)는 것이다. 칼빈이 말한 것처럼 하나님은 큰 어려움 없이 인간을 번성시켜 땅을 뒤덮으실 수 있다. 그러나 그 대신 하나님은 모든 인류가 "하나의 원천에서 시작하여 상호간의 일치를 위한 갈망이 보다 커지고, 한 몸으로 서로를 자유롭게 포용하기 원하셨다."[7] 모든 사람은 창조자의 계획에 의해 동일한 조상을 가지고 있기 때문에 서로를 돌보는 타고난 감각을 가져야 한다. 서로를 위한 돌봄은 인류에게 땅을 정복하라고 명하신 본래 사명을 포함한다. 그러므로 어떤 사람이 땅에 생존하는 데 충분한 공간을 부정하는 불공평한 일들은 죄에서 기인된 인간 본성의 부패를 보여주는 것 외에 아무것도 아니다.[8]

---

[7] John Calvin, *Commentaries on the First Book Moses Callled Genesis*(Grand Rapids: Eerdmans, n.d.), 1:97.

하나님이 세우신 결혼 제도에 관한 창조의 본래 원칙들은 새 언약의 상황 속에서 정교하게 발전되었다. 죄로 인한 타락에도 불구하고 인간이 결혼할 수 있는 것은 하나님의 계획이다. 그러나 사도 바울은 '현재의 위기' 때문에, 그리고 특별한 '은사' 때문에 결혼하지 않는 것이 좋다고 설명한다(고전 7:1, 7, 26).

그러나 창조자의 본래 명령은 한 남자가 한 여자와 연합하여 두 사람이, 그리고 두 사람만이 한 몸이 되는 것이다(창 2:24; 참조, 막 10:7-8). 하나님께서 한 남자의 파트너로 오직 한 여자만 만들었다는 사실이 분명히 증명하듯이, 태초로부터 하나님의 의도는 오직 두 사람만이 한 몸이 되는 것이었다. 하나님께서 이 두 사람에게 번성하고 땅에 충만하여 정복하라는 책임을 주셨다(창 1:28). 게다가 하나님께서 사람을 자체로서 완전한 실체로 창조하셨다는 사실의 관점에서 볼 때 독신 상태 또한 그분의 복을 받은 것일 수 있다.

---

8) *Ibid.*, 97-98.

제2장

성과 결혼

■ ■ ■ ■ ■

1. 예정된 결혼
2. 로맨스와 결혼
3. 결혼 선택의 결과
4. 삼각관계
5. 신자와 불신자의 결혼
6. 잘못된 결혼
7. 짝사랑
8. 가족관계
9. 이혼
10. 재혼

성의 시작

1. 예정된 결혼

■ ■ ■ ■ ■

여호와 하나님이… 그녀를 아담에게로 이끌어 오시니 (창 2:22).

자유로운 현대 사회에서 결혼 상대자를 선택하는 일은 생애 최고의 결정들 가운데 하나로 중요시된다. 그 선택이 사회적 신분, 부, 지역 풍습, 가족의 압력, 그리고 다른 많은 요인들로 제한받는다 할지라도, 일반적으로 혼인서약 영역에 나타난 개인의 결정권은 신성불가침으로 간주된다.

그러나 과거를 통해서, 그리고 현대에 들어와서조차도 아마 이 세상 대다수 결혼의 경우에 있어, 결혼 상대자를 고려하는 개인적 취향은 결정적 요인이 되지 않았다. 대신 두 사람의 결혼은 주로 가족 구성원이나 상담가, 친구들에 의해 조정되어 왔다.

계몽주의의 영향으로 형성된 서양의 사고방식으로 볼 때, 예정된 결혼 개념이란 쉽게 생각할 수 없는 것이다. 인생의 미래를 예측할 수 없는 상황 속에서 어떻게 다른 사람의 결정을 신뢰할 수 있겠는가? 두 사람의 감정이 서로 일치하게 만드는 청혼 단계를 통해 서로 친숙해질 기회도 없이 두 사람이 서로 자신의 삶을 맡긴다는 것을 이해할 수 있는가?

재앙으로 끝나버린 어떤 고전적인 경우를 보면, 어느 영국 귀족이 자신의 아들이 미국의 부유한 집안 딸과 결혼하도록 조정했다. 그러나 그 딸은 어머니가 자신을 방에 가두고 자물쇠로 문을 잠글 때까지, 그 결정에 합의

하기를 거부하고 빵과 물도 거절했다. 결국 그녀는 대물림할 상속자를 출산한 후 남편과 이혼하고, 프랑스에서 그녀가 선택한 남자와 결혼하는 절차를 밟았다.

현대 사회의 많은 사람들은 예정된 결혼 개념을 철저히 거부할 것이다. 그러나 결혼의 기원을 살펴볼 때 예정된 결혼 개념이 없었는가 하면 꼭 그렇지 않다. 실제로 창세기는 다수의 결혼이 신부와 신랑 자신이 결정하기 이전에 이미 정해졌음을 기록하고 있다. 이런 유형의 결혼은 오늘날 세계에서도 많은 사람들이 경험할 수 있다. 따라서 성경에 기록된 몇몇 예정된 결혼들의 상황을 검토하는 것은 유용할 것이다.

최초의 인간의 결혼이 예정되었다는 것은 대단히 중요한 문제가 아닌가? 하나님은 아담이 홀로 있는 것이 좋지 않다고 결정하셨다(창 2:18a). 하나님은 그 남자에 상응하는 조력자를 만들기로 결정하셨다(창 2:18b). 하나님은 하와를 아담에게 완전한 반려자가 될 수 있도록 매우 특별한 방법으로 만드셨다(창 2:21-22a). 하나님은 하와를 아담에게 데려와서 그에게 주셨다(창 2:22b). 하나님은 아담에게 하와의 키가 크고 작음에 대하여, 피부색이 어둡고 밝음에 대하여 전혀 묻지 않으셨다. 주님께서는 그 전체 과정을 주관하셨다. 아담도 하와도 그 문제에 있어서 홀로 결정하지 않았다. 그 전적인 연합은 그들의 유익을 위하여 예정되었던 것이다.

창세기에서 이삭과 리브가의 결혼은 전적으로 신랑 신부가 아닌 다른 사람들에 의해 정해진 결혼으로 두드러진다. 동시에 이 결혼이 성립되는 과정에 하나님이 하신 섭리의 역할은 특별히 주목할 만한 가치가 있다. 불신앙은 특별한 결혼 관계가 성립되는 과정에서 하나님이 개입하시지 못하도록 만든다. 그러나 이 특별한 사건은 인간의 개인적인 관계들 속에 주님의 개입이 얼마나 많은지를 강조한다. 칼빈은 다음과 같이 말한다.

> 불경건한 사람들은 결혼을 충분히 도의적으로 생각하지 않기 때문에⋯ 하나님의 영이 사건들 속에 즉시 개입하셔야만 하는 것을 이상해한다. 그러나 만일 우리가 성경을 읽는 가운데 경외심을 갖게 되면, 우리는 여기에 불필요한 것이 아무것도 없다는 것을 쉽게 이해할 수 있게 될 것이다. 사람은 하나님의 섭리가 결혼에까지 확장된다는 것을 거의 믿지 못하기 때문에 (이 내러티브의 저자로서) 모세는 이 점을 더욱더 많이 주장했다.[1]

이삭과 리브가의 결혼에 나타난 하나님의 섭리는 매우 분명하다. 아브라함의 종은 족장들의 친족이 있는 고향으로 여행하여 이삭의 신부와 함께 돌아와야만 했다(창 24:3-4). 그 종은 리브가가 장래의 완전한 신부임을 확인한 후, 신부에게가 아니라 그녀의 가족에게 어떤 제안을 했다. 리브가의 오빠 라반과 아버지 브두엘은 신중히 결정했고, 그 결정 속에는 불확실이라는 용어가 없었다.

> 리브가가 그대 앞에 있으니 데리고 가서 여호와의 명대로 그로 그대의 수인의 아들의 아내가 되게 하라(창 24:51).

리브가가 그 문제에 대해 약간의 견해를 제시한 것은 사실이다(창 24:55-58). 그러나 그것은 자신의 친족에 관한 것이지 장래의 결혼에 관한 것이 아니다. 그녀는 잘 알지 못하는 곳으로 여행할 것을 약속했고, 그녀가 전혀 본 적 없는 남자와 결혼했다.

---

1) John Calvin, *Commentaries on the First Book of Moses Called Genesis* (Grand Rapids: Eerdmans, n.d.), 2:11.

그 신랑은 어떠한가? 이삭은 다가오는 결혼에 다소 덜 몰입했던 것으로 보인다. 그 종이 새 신부와 함께 돌아왔을 때, 신랑이 결정한 것은 아무것도 없었다. 그래서 "그녀는 그의 아내가 되었고, 그는 그녀를 사랑했다"(창 24:67). 그는 이처럼 매우 단순했다. 그러나 이 전체 사건은 전적으로 준비된 것이었다. 이삭과 리브가는 서로 본 적이 없었다. 그럼에도 불구하고 그들은 결혼에 헌신되어 있었다.

이전에 전혀 본 적이 없는 신랑 신부가 파기할 수 없는 예정된 결혼에 헌신한 결과는 무엇인가? 창세기 내러티브가 보고하는 한 이 결혼은 성경에서 발견된 가장 순조롭고 따뜻한 관계들 중의 하나이다. 이삭은 리브가를 헌신적으로 사랑했을 뿐 아니라 모친 사라의 죽음 때문에 얻은 큰 슬픔을 그녀를 통해 위로받았다(창 24:67c). 또한 이삭이 리브가에 견줄 만한 다른 아내를 취했다는 언급이 없다. 부친 아브라함이 여러 아내와 첩을 둔 것, 그리고 아들 야곱과 에서가 복잡한 결혼을 한 것에 비하여, 이삭은 젊어서 취한 신부에게 전적으로 만족했다(참조, 25:6; 29:28; 30:3, 9; 26:34; 28:8-9; 36:2-3). 이삭은 리브가가 임신한 동안 다른 여자를 취해 아내를 삼음으로써 성적 욕망을 해결하려는 함정에 빠지지 않았다.

이삭과 리브가의 결혼을 둘러싸고 있는 전체 상황은 예정된 결혼에 대해 잘 말해 준다. 그들이 선택된 백성 외부에 있는 것처럼 보일 때조차도 하나님은 명령된 사건에 대한 당신의 방법을 갖고 계신다. 아브라함의 종이 하나님께 드린 기도와 리브가의 가족에게 말한 고백을 통해서 볼 때, 그가 하나님의 전적인 개입을 충분히 인식하고 있었다는 사실을 알 수 있다(창 24:12-14, 45). 그의 증언은 리브가의 형제들과 부친으로부터 유사한 증언을 불러일으킨다. "라반과 브두엘이 대답하여 가로되 이 일이 여호와께로 말미암았으니 우리는 가부를 말할 수 없노라"(창 24:50). 하나님의 권능은 그 사역에만 제한되지 않고, 사람들이 자의적으로 결정할 수 있는 결혼처럼 중요한 사건들에까지 가장 직접적으로 영향을 준다.

전적으로 다른 상황에서 이삭의 아들 야곱 또한 예정된 결혼에 헌신한다. 이 경우 상황은 그렇게 행복하지 않다. 리브가는 야곱이 아내를 가까운 가나안족에서 얻기보다는 오히려 멀리 있는 친족 가운데서 얻도록 그를 보낸다(창 27: 46-28:3). 야곱은 아름다운 라헬과 신속히 사랑에 빠져, 마음속 갈망을 성취하기 위하여 칠 년을 행복하게 일한다. 야곱이 전 기간을 며칠처럼 여긴 것은 라헬에 대한 사랑 때문이었다. 그러나 최종적으로 결혼 서약이 이루어지고 그 결혼이 신혼방에서 정점에 도달한 후, 아침에 야곱은 경악스럽게도 자신이 라헬의 언니 레아와 결혼했다는 사실을 알고 당황했다(창 29:23-25).

이와 같이 유사한 상황들이 "문명화된" 21세기에도 발생한다. 부모들은 가까운 도시와 마을에서 자식을 위해 누군가와 결혼하도록 정한다. 그러나 그 제안된 결혼 당사자 중 한 명이 상대방과 사는 것을 견딜 수 없는 일로 깊이 확신하고 있다고 추측해 보라. 무엇을 해야만 할까? 대부분의 문화에서는 예정된 결혼을 하는 부류들이 그들의 생각을 표현하도록 허락된다. 동의할 수 없는 약속은 피할 수 있기를 소망하는 것이다.

그러나 비그리스도인인 부모들이 그리스도인인 자신의 아들 딸들의 결혼을 비그리스도인과 추진한다고 추측해 보라. 그런 경우 그리스도인은 그것이 아주 복잡한 문제를 일으킨다 할지라도 그 청혼을 거절할 필요성이 있을지도 모른다.

야곱은 라헬 대신 레아를 준 외삼촌의 속임수에 어떻게 반응했는가? 성경은 그가 실제로 무슨 일을 행했는지 보고한다. 그는 자신이 사랑하는 여인 라헬과 결혼할 특권을 위해 다시 칠 년을 일하기로 라반과 계약했다.

그러나 그는 무슨 행동을 했는가? 그는 최악의 속임수를 통해 원하지 않는 신부와의 결혼을 취소하려 했을 가능성도 있다. 그러나 그가 바람직하지 않은 상황에서 벗어나려 한 이 방법이 금지된 것은 그 당시 흔한 일이었다. 또한 첫날밤에 이루어진 결혼관계의 완성은 적어도 문제의 요소는 있지만 절차는 공정했다.

다른 방도가 없는 상황이 주어졌을 때 야곱은 이 결정을 주님의 명령으로 받아들여야 했다. 그는 그의 삶을 믿음으로 움직여갔다. 그는 과거에 속이는 자로서 탁월했었다. 이제 그는 그가 뿌린 것을 거두어들였다. 남자가 아내에게 충실해야 한다는 창조 명령은, 그리스도께서 교회를 사랑하여 자신을 주신 것처럼 남편들도 아내를 사랑해야 한다는 사도 바울의 간곡한 권고를 예기한다(창 2:24; 엡 5:25). 그리스도께서 자신의 피로 산 죄인들이 항상 사랑스럽게 보이지 않는다는 것은 의심의 여지가 없다. 그럼에도 불구하고 그는 여전히 그들을 사랑하신다. 그 책임, 남편들의 그 특별한 임무는 단지 모든 주변 환경들이 한 남자의 기호에 적합한 혼인 상황에만 적용되는 것이 아니다. 남편이 아내를 사랑하며 살아야 한다는 책임은 그가 배우자를 위해 자신의 개인적 취향을 희생할 준비가 이미 된 사람이라야 한다는 점으로 귀결된다.

그들의 연합이 정상적이지 않음에도 불구하고 레아가 남편 야곱에게 사랑 받아야 한다는 본능을 가진 것은 당연한 일이다. 주님께서 레아가 사랑받지 못하는 상황 속에 개입하셔서 레아의 태를 여시고, 그 대신 몇 년 동안 라헬의 태를 닫으셨다(창 29:31, 33). "이제는 내 남편이 나를 분명히 사랑하게 될 것이다"라는 표현은 한 사람에게 무시받는 한 여인의 부르짖음이다. 그녀는 어느 누구보다 더 사랑 받아야만 했다(창 29:32).

하나님께서 자신들의 결혼을 정하셨다는 것을 안다면 사람들은 아주 만족하게 되리라고 생각할 수 있다. 그러나 일반적으로 사람들은 주님의 결정에 자신을 맡기는 데 만족하지 않는다. 인간이 전적으로 부패했다는 것을 보여주는 가장 초기의 예들 중의 하나는 홍수 이전 사람들의 결정에서 볼 수 있다. 그들은 결혼에 담긴 하나님의 요구에 관해 어떤 관심도 없이, 아름다운 여인들 중에서 아무나 선택하여 결혼했다(창 6:2). 결혼에 나타난 하나님의 뜻이 최선이라는 사실에도 불구하고, 사람들은 자신의 뜻을 즐겁게 행하는 것을 제한하는 모든 것으로부터 벗어나기를 고집한다.

하나님의 섭리에 대한 올바른 이해는 미리 정해진 결혼들 속에 나타난 하나님의 선하신 목적을 크게 신뢰하도록 격려한다. 몇몇 경우는 하나님이 그들의 결혼 또는 독신을 계획하셨다는 분명한 확신을 가진 상황에서 만족하며 살도록 격려할 것이다. 우리는 주님을 신뢰함으로 모든 길을 그분께 위임하고, 궁극적으로 그분께서 우리가 원하는 것으로 결정하시리라는 분명한 확신을 갖고 살아가야 할 것이다. 죄된 어떤 인간관계의 책임을 하나님께 돌리지 않기 위하여, 모든 결혼은 궁극적으로 주님께서 미리 정하신 것으로 보는 게 좋다.

수년 동안 교회에서 장로로 섬긴 어떤 사람이 아내와 별거 중에 있다고 젊은 목회자에게 말했다. 그 목회자는 그 이유를 물었다.

그의 대답은 "나는 더 이상 그녀를 사랑하지 않거든요"라는 것이었다.

그 목회자는 "그러면 그녀를 사랑하십시오!"라고 말했다.

그러자 그는 어리둥절해 하면서 "하지만 나는 그녀를 사랑하지 않는데요"라고 대답했다.

"그러면 그녀를 사랑하십시오! 성경은 '남편들아 네 아내를 사랑하라'

고 말합니다. 그렇기 때문에 그녀를 사랑해야 합니다."

그 젊은 목회자의 초점은 아주 분명했다. 사랑은 단순히 감정의 문제가 아니라, 변하기 쉬운 감정이 오고 가는 것에 관한 문제이다. 또한 사랑은 의지와 지성 그리고 사랑 행위를 행하는 것에 관한 문제이다. 당신은 어떤 사람과 결혼하는 것이 하나님의 뜻인지 아닌지, 오랫동안 숙고하고 몰두했을 것이다. 그러나 당신이 결혼한 즉시, 당신이 특별한 개인과 결혼하게 된 것은 분명히 하나님의 뜻이다. 이 관점에서 당신의 책임은 분명하다. 남편으로서 당신은 다른 사람이 아니라 아내인 그 사람을 사랑해야 하는 것이다. 당신은 고등학교 졸업반의 열다섯 번째 기념 축제로 되돌아가서는 안 되며, "아마 나는 그 사람, 혹은 저기 있는 다른 사람과 결혼했어야 했는데"라고 생각해서도 안 된다. 그렇다. 당신은 당신이 결혼한 그 사람과 결혼해야 했다. 다른 사람이 아니다.

그러므로 당신의 아내를 사랑하라. 그녀에게 꽃, 향수, 감미로운 것을 갖다주라. 만약 그녀가 스위스제 군용 칼이나 혹은 날이 넓고 긴 칼 같은 것을 좋아한다면, 그녀를 위해 그것을 사라. 그녀를 위해 음식을 만들고, 그런 후 접시를 닦으라. 아이들을 목욕시키고 집 주변의 잡다한 일을 하라. 다정하라. 그녀의 생일을 기억하고 기념일을 잊지 말라. 가능한 한 많은 방법으로 당신이 그녀를 사랑한다는 사실을 거듭 말하라.

동일한 방법으로 아내는 남편과의 관계에서 인내해야 할 책임이 있다. 그녀는 어려운 상황에서 쉬운 탈출구를 찾지 말고, 배우자를 존경하고 사랑하는 데 몰두해야 한다.

그 상황이 좋게 보이든 나쁘게 보이든지 간에, 믿음은 미리 정해진 결혼의 상황을 하나님의 섭리로부터 온 것으로 받아들이는 것이다. 동일한 의미로, 모든 결혼은 "모든 일을 그 마음의 원대로 역사하시는 자의 뜻을 따라" 행하시는 자에 의해서 "미리 정해진" 것이라고 말할 수 있다(엡 1:11). 주님께서 정하신 방법을 따르는 헌신은 한 사람을 "정복자 이상"으로 만들 것이다. 그의 백성을 영원한 사랑으로 사랑하시는 자를 통해서 말이다.

2. 로맨스와 결혼

야곱이 라헬을 위하여 칠 년 동안 라반을 봉사하였으나
그를 연애하는 까닭에 칠 년을 수일같이 여겼더라(창 29:20).

많은 사람들은 로맨스라는 주제가 언급되는 순간 꿈꾸는 듯한 눈이 되는 경향이 있다. 그러므로 곧 로맨스에 관한 몇 가지 어려운 사실들을 언급할 필요가 있다.

1. 당신은 결혼 전에 올바른 사람과 사랑에 빠질 수 있다.
2. 당신은 결혼 전에 올바르지 않은 사람과 사랑에 빠질 수 있다.
3. 당신은 결혼 후에 올바른 사람(물론 배우자)과 사랑에 빠질 수 있다.
4. 당신은 결혼 후에 올바르지 않은 사람(배우자 외에 다른 어떤 사람)과 사랑에 빠질 수 있다.

이 사실들을 염두에 두고, 창세기에서 성과 로맨스의 주제를 고려해 보라. 어떤 가련하고 "무지한 영혼들"(benighted souls, 어둠 속에 너무 오랫동안 살아서 아무것도 모르는 사람에 대하여 말하는 고대 영어의 회화적 표현)은 로맨스의 실체를 부정하곤 했다. 그러나 성경은 사랑에 빠진 사람들에 관해 아주 다양한 방법으로 분명하게 말한다. 물론 사랑의 본질이 항상 선한 것으로 나타나지는 않는다. 다윗의 아들 암논은 그의 이복

누이 다말을 "사랑했다." 그는 그녀를 너무 사랑해서 병이 들었다. 그렇지만 그가 그녀를 강제로 겁탈한 후에는 전에 그녀를 사랑했던 것보다 훨씬 더 많이 그녀를 미워하게 되었다(삼하 13:1-15).

이미 로맨스의 진실성과 유효성은 성경에서 일관되게 인식된다. 그 분명한 예는 아마도 이삭과 리브가의 결혼에서 찾아볼 수 있을 것이다(창 24장). 이 두 사람이 서로 만난 사건은 로맨스를 형성하는 많은 요소들을 보여준다.

첫째, 이삭은 자신에게 적합한 여인을 찾는 남자로 나타난다. 때때로 그 적합한 사람은 다른 한 사람이 동시에 찾지 않아도 나타난다. 그러나 더 자연스런 상황은 한 사람이 파트너를 찾도록 되어 있다. 독신자들이 새로운 이성을 만나 "이 사람이 나에게 의미 있는 사람이 될 수 있을까?" 하고 (은밀하게 속으로) 묻는 것은 자연스러운 일이다. 수없이 일어나는 그 질문이 그 사람으로 하여금 왼손 가운데 손가락(배우자를 가리키는 듯 – 역주)을 확인하는 일, 그리고 그 후에도 계속해서 "이 사람이 그 사람일까?" 하는 질문을 해대는 일을 그만두게 하지는 않을 것이다.

이삭의 경우, 반려자를 찾는 일이 대리인을 통해서 이루어졌다. 아브라함은 종에게 이삭의 아내를 찾는 권한을 주어 자신의 고향으로 보냈다. 이삭은 아브라함과 사라의 하나뿐인 아들이기 때문에 그 파트너는 틀림없어야만 했다.

그 이름 모를 종은 매우 진지하게 그 임무를 띠고 큰 두려움 속에 먼 나라로 떠났다. 그러나 하나님의 인도를 구한 그의 기도는 놀라운 방식으로 응답되었다. 구 킹 제임스 역본(The Old King James Version)은 인간의 주도권과 하나님의 지시 사이의 역동적 상호작용을 포착하고 있다. 그 종이 어떻게 그 먼 곳까지 이르게 되었는지 아브라함의 동생에게 설명하는 과정에서, 그는 "내가 도중(道中)에 있을 때 여호와께서 나를 인도하셨다"(창 24:27)고 말했다. 이 경우는 히브리어 본문을 문자적으로 번역한 것이다.

그 구절은 하나님이 바르게 지시한 로맨스에 대한 균형 있는 관점을 제시한다. 그 종은 "도중에"라는 말을 통해 그의 주인 이삭의 소망을 표현한다. 그는 전망들을 주목하고 찾고 확인하면서 여행을 했다. 대부분의 경우에 그것은 그 일이 일어나는 방식이다. 적어도 한 커플의 한 사람 혹은 그 다른 상대방은 모든 선택권들에 대해 열린 상태에서 그 가능성들을 확인하고 주목한다. 최근 들어 인터넷은 파트너를 찾는 장소가 되었다. 많은 사람들은 자신의 완벽한 파트너를 웹 사이트에서 찾는다. 어떤 경우에는, 만약 누군가 주시하고 있지 않으면, "찾는 일"이 그렇게 쉽게 일어날 것 같지 않다.

그와 동시에, 주님이 인도하셔야 한다. 그 종이 도중에 있었을 때, 주님은 그를 인도하셨다. 진지하고 반복적이며 지속적인 기도가 응답되어, 주님께서 그분의 질서의 섭리를 따라 남자 혹은 여자에게 의미 있는 사람을 인도하실 것이다. "이 사람이 바로 그 사람이다. 그 이름은 '크리스'(혹은 '죠세' 혹은 '침웸웨')이다"라고 속삭이는 하나님의 계시적 말씀을 기대하지 말라. 그러나 하나님의 섭리적인 지시들은 모든 필수적인 요소들을 제공할 수 있다. 주님은 사건들을 조정하는 그분 자신의 방법을 가지고 계셔서, 두 사람을 넓고 다양한 지역과 환경들로부터 동일한 시간과 장소로 인도하신다. 하나님은 세기를 뛰어넘어 행해오고 계시며, 그것을 다시 한번 행하실 수 있는 능력을 가지고 계신다. 그분을 신뢰하라! 그분은 그것을 처리하실 수 있다. 사람들로 하여금 당신을 당황하게 만들지 못하도록 하라. 동시에 대비하고 있으라.

둘째, 특별히 여성(남성도 마찬가지이지만)은 충분히 알지 못하는 사람과 가장 친밀한 차원의 관계에 자신을 위탁하는 결정을 내려야 하기 때문에, 위험을 무릅쓴 결정을 내려야 하는 대단히 모험적 행동을 해야만 한다. 그 사실을 수용하라. 당신은 결혼 후에도 그 사람에 관한 모든 것을 알지는 못할 것이다. 결혼에 자신을 맡기는 것은 정말 책임져야 할 가장 큰 믿음의 행위 중 하나이다.

리브가의 경우는 주목할 만하다. 그녀는 자신의 삶을 향한 하나님의 선하신 뜻에 대한 강한 믿음을 보여준다. 그녀는 아브라함의 종과 낙타에게 물을 떠주는 첫 만남에서부터 매우 신선함을 보여주었다. 여행이 지연되리라는 결정이 리브가에게 전달되었을 때, 그녀는 조금도 주저하지 않았다. 다음날 이른 아침 그녀는 그 종과 함께 여행하는 데 동의했다. 그녀는 거의 모르는 사람과 결혼하기 위하여 전혀 가본 적이 없는 땅으로 가서 그를 만났다. 이삭과 리브가의 경우와는 달리, 보편적으로 결혼관계가 청혼한 배우자에 대해 보다 직접적인 지식에 기초하고 있다 해도, 위험 요소는 여전히 존재한다. 그렇다고 해서 결혼을 마냥 연기하는 것이 문제의 해결책은 아니다. 충분한 일치성을 확인하는 방법으로서 혼전 성관계를 이용하려는 것조차도 좋은 결혼을 보장해 줄 수는 없다. 어떤 문화에서는 혼전에 여인이 아이를 가질 수 있다는 것을 증명하기 위하여 임신하도록 하는 관습이 있다. 그러나 이 비성경적인 책략은 결혼이라는 작품을 만드는 데 필요한 평생의 위임을 위한 심리학적인 토대를 손상시킬 뿐이다. 여호와의 선하신 목적에 대한 강한 믿음을 대치할 수 있는 것은 아무 것도 없다. 어떤 경우에도, 어떠한 대가를 치르더라도 그리스도인들은 이 비성경적인 관습에 굴복해서는 안 된다.

셋째, 로맨스는 결혼 약속에 부모가 개입하는 것을 자동적으로 배제하지 않는다. 리브가의 부모는 그녀가 결혼을 결정하고 모르는 사람과 결혼하기 위해 낯선 곳으로 여행을 떠나기 전에 그 관계를 인정했다. 유사한 방법으로 그 내러티브는 이삭이 리브가를 "그의 모친의 장막으로" 취하는 것을 보여줌으로써 끝이 난다(창 24:67). 이 행동은 그 결혼이 성립되기 전에 그가 부모의 승인을 받으려 했다는 사실을 보여준다. 아가서에서 찾아볼 수 있는 건전하면서도 현실적인 결혼에 대한 묘사도 똑같은 사실을 보여준다. 이번에는 신부가 남편을 자신을 교육한 모친의 집으로 인도하고 있다(아 8:2).

결혼에 있어서 건강한 로맨스는 가족 구성원이나 신뢰하는 친구들 몰래 은밀히 이루어지는 것을 요구하지 않는다. 사실, 결혼에 있어서 로맨스는 가족과 친구들 간의 관계가 적절히 유지되는 환경 속에서 가장 만개(滿開)할 수 있다. 부정적인 사회적 반대가 없이, 승인하는 상황이 주어질 때 로맨스는 가장 만족스런 형태로 나타나게 될 것이다.

넷째, 로맨스는 항상 매우 즐겁고 흥분되게 하는, 신비스럽고 표현할 수 없는 요소들을 포함한다. 아주 이성적이고 논리적인 사람은 아마 로맨스가 강한 충격이 될 것이다. 이 사람을 보라! 그는 항상 책을 보면서 다닌다. 그는 지나가는 예쁜 여자를 전혀 보지 않는다. 그녀는 아마 도서관 층계를 따라 따가닥 따가닥 소리를 내는 하이힐을 신었을 것이다. 그녀는 유혹적인 드레스를 입고 좋은 향수를 뿌리고 있다. 하지만 그는 여전히 산더미처럼 쌓인 책만 읽고 있다. 그런데 어느 날 그는 충격을 받는다! 모든 것이 끝났다. 그는 "크면 클수록 더 세게 떨어진다"(The bigger they are, the harder they fall)는 속담처럼 된 것이다.

리브가가 긴 여행을 마쳤을 그때 이삭은 "묵상하기" 위하여 들에 나갔다(창 24:63). "묵상"이라는 이 단어는 구약에서 이 구절 속에만 나타난다. 그 문맥적 상황은 그의 묵상 주제에 대해 강하게 암시해 준다. 어떤 주석가가 말한 대로, "아마도 이삭은 그의 부친의 종이 돌아오는 것을 침착하게 기다릴 수 없었을 것이다. 그래서 그가 붙잡아야 할 미래를 조용히 심사숙고하기 위하여 혼자만의 시간을 보냈다."[2] 또 다른 주석가는 이삭이 "분명 자신의 결혼 문제를 하나님 앞에서 신중히 생각하기 위하여"[3] 저녁에 들로 나갔다고 명확히 설명한다. 다가오는 부친의 충직한 종을 쳐다보았을 때, 이삭은 멀리서 낙타에 앉아 있는 미래의 신부를 보았을 것이다. 동시에 리브가는 들에 외롭게 서 있는 인물이 그녀의 남편이 될 사람인지 물었다. 그녀는 그의 정체를 확인한 뒤 결혼식이 완료될 때까지 결혼의 신비감 같은 것이 있어야 하기에 재빨리 얼굴을 베일로 덮었다.

이삭과 리브가 내러티브는 "그녀가 그의 아내가 되었고, 그가 그녀를 사랑했다"(창 24:67)라는 말로써 마감된다. 이 짧은 문구는 모든 것을 말해준다. 이삭은 리브가를 사랑했다. 그는 전적으로 그녀를 받아들였다. 다른 말로 하자면, 그는 그녀와 사랑에 빠졌다. 결혼 후에 말이다! 그는 그녀라는 존재에 대해 충분한 정보를 얻을 수 없었으며, 그녀를 위해 무엇인가 충분히 행할 수도 없었다. 그러나 그는 몸과 영혼에 있어서 그녀와 하나가 되었다. 그의 전 존재가 그녀에게 빠져들었다.

이삭은 리브가를 사랑함으로 "그의 모친의 죽음 후에 위로를 받았다"(창 24:67). 남자와 여자의 사랑은 예기치 않은 보상을 가져다 준다. 결혼에 대한 창조 명령에 묘사되어 있듯이, 가족을 떠나 배우자와 결합하는

---

2) G. Ch. Aalders, *Genesis, Bible Student's Commentary*(Grand Rapids: Zondervan, 1981), 2:70.
3) C. F Keil an F. Delitzsch, *Biblical Commentary on the Old Testament* (Grand Rapids: Eerdmans, n.d.), 1:260-61.

일은 인간의 모든 기본적인 사회적 욕구를 만족시키는 결혼관계 속에서 성취된 관계의 충만함을 의미한다. 결혼은 가족과 친구들 사이의 확장된 사회적 연결을 단절시키기 위해 의도된 것이 아니다. 그것은 교제를 위한 인간의 모든 기본 욕구가 부부간의 연합 속에서 만족스럽게 제공될 수 있다는 것을 보여준다. 이 결혼을 통해 아내에 대한 남편의 사랑과 남편에 대한 아내의 사랑이 손상되는 것이 아니라 더욱 빛나게 해 준다.

다른 관점에서 로맨스가 우상화될 수 있다는 것을 인식할 필요가 있다. 루이스(C. S. Lewis)는 그의 책『스크루테이프의 편지』(The Screwtape Letters)에서 "사랑에 빠지는 것"이 "결혼을 행복하게 하거나 거룩하게 하는 유일한 것"이라는 거짓된 개념을 조장함으로써 인간을 좌절시키도록 그의 부하들을 부추기는 자로 사단을 묘사한다.[4] 사랑을 낭만화하는 개념은 남자와 여자를 심각하게 잘못 인도할 수 있다. 게다가 완전한 사랑은 결혼 후 두 사람을 하나로 만드는, 하나님이 제정하신 과정을 기다려야만 한다. 그 어떤 것으로도 약속된 사랑 안에서 몸과 영혼을 하나로 묶는 이 긴 기간을 대체할 수 없다. 이삭과 리브가의 경우처럼 로맨스가 연합을 발생시킨다기보다, 오히려 연합이 로맨스를 발생시킨다고 볼 수 있다."[5]

그러나 한편, 로맨스는 결혼으로 발전하여 현실이 곧 진실이 될 수 있음을 보여주기도 한다. 이삭의 경우, 그는 결혼 후에 리브가를 사랑했다는 사실이 발견된다. 그러나 라헬을 사랑한 야곱의 경우, 그는 라헬을 아내로 맞아들이기 위하여 기간을 연장해가며 봉사한 일에 대해, "그를 연

---

4) C. S. Lewis, *The Screwtape Letters*(New York: Macmillian, 1969), 83.
5) Gorden J. Wenham, *Genesis 16-50*, Word Biblical Commentary(Waco: Word, 1994), 2:152.

애하는 까닭에 칠 년을 수일같이 여겼다"(창 29:20)고 말한다. 야곱이 라헬과 결혼으로 연합되기 전에 야곱은 칠 년 동안 라헬을 진실하게 사랑했다. 이 사랑은 그들이 결혼한 후에도 계속되었지만(창 29:30), 분명히 그 진실한 사랑은 두 사람이 결혼하기 전에 존재했었다.

그러므로 완전한 로맨스는 결혼 전과 후에 올 수 있다. 하지만 그 반면에 결혼 전과 후에 잘못된 로맨스가 올 수도 있다. 로맨스에 대한 이 경고의 말은 특별히 사랑에 빠진다는 개념을 남용하는 현대라는 빛에 비추어 잘 살펴보아야만 한다. 사랑의 매력이 결혼의 특권과 결합된 진지한 삶의 위임을 요구하는 하나님의 명령을 어지럽히는 것으로 사용될 수 없다. 혼전 혹은 혼외의 성관계가 어떤 사람과 "사랑에 빠졌다"고 해서 정당화될 수 없다는 것이다. 그 이유는 결혼의 계약은 진지한 삶의 맹세를 포함하고 있기 때문이다.

당신은 당신이 약속한 배우자 외에 어떤 사람을 "사랑"하는가? 당신은 다른 사람과 성관계를 갈망하는가? 그런 것은 잊어버리라! 그것은 악마의 뜻이지 하나님의 뜻이 아니다. 성경은 솔로몬 왕이 "많은 이방 여인을 사랑했다"(왕상 11:1)고 보고한다. 하나님은 특별히 이스라엘 민족에게 이방 민족들과 통혼하지 말 것을 명령하셨다. 그것은 이방인들이 이스라엘 민족의 마음을 다른 신들을 섬기도록 변화시킬 것이기 때문이었다. 그러나 솔로몬은 700명에 달하는 왕족의 아내, 그리고 300명의 후궁들과 "급속히 사랑에 빠졌다"(왕상 11:2c-3). 그는 그 여자들을 사랑했고 그 여자들에게 집착했다. 그러나 그가 사랑의 파동(波動)을 따라 행한 것은 아주 잘못된 일이다. 세상에서 가장 지혜로운 사람이 사랑의 유혹 때문에 비극적으로 혼란에 빠진 것이다. 그 결과는 비참했다. "솔로몬이 나이 들었을 때, 그의 아내들은 그의 마음을 다른 신들에게 돌리게 만들었다. 이

제 그의 마음은 여호와 하나님께 전적으로 향해 있지 않았다"(왕상 11:4). 솔로몬이 하나님의 법을 어긴 것에 대한 반응으로 하나님은 솔로몬에게 분노하셔서 그에게 대항하는 많은 적대자들을 일으키셨다.

지혜롭지 못한 모든 사람들을 주목해보자. 만약 가장 지혜로운 사람조차 로맨틱한 환상에 빠져 고통스러워한다면, 누가 유혹과 타락으로부터 자유로울 수 있겠는가? 하나님의 명령에 모순되는 로맨틱한 성향을 조심하라.

더 나아가서 로맨틱한 매력을 상실했다는 사실이 이미 확립된 결혼의 결속력을 부정하기 위한 변명으로 사용되어서는 절대로 안 된다. 성경은 남편들에게 "그들의 아내들"을 사랑하라고 절대적으로 명령한다(엡 5:25). 남자가 그의 아내를 사랑하지 않을 때 성경의 명령을 폐기할 수도 있다는 현대사상에 호소하지 말라. 남자는 가능한 모든 방법으로 그의 아내를 사랑하는 행위를 해야 한다. 그러면 사랑의 감정이 뒤따르게 될 것이다.

유사한 방법으로 나이 많은 그리스도인 여성들은 젊은 여인들로 하여금 남편을 사랑하도록 지도하는 책임을 부여받았다(딛 2:4). 다시 한번 강조할 점은 사랑의 모호한 감정에 먼저 집중하는 것이 아니라, 사랑의 행위에 집중하라는 것이다. 부부관계의 다양한 면들을 경험한 나이 많은 여성들은 온갖 고난을 무릅쓰고 남편을 사랑하는 일의 의미가 무엇인지, 또 사랑을 어떻게 표현해야 하는지에 관해 경험이 적은 젊은 여성들과 의사소통을 하도록 하나님께서 계획하신 자들이다.

당신은 찔레나무 조각들에 사로잡힌 적이 있는가? 당신은 찌르는 가시덤불을 껴안아 본 적이 있는가? 어떤 남자들은 그저 찔레나무 조각들같다. 여성들은 그들을 어떻게 사랑해야 하는지 배워야 한다. 분명히 이 문맥에서 결혼관계의 사랑은 순수하게 낭만적인 용어로 표현되지 않는다. 대신에 그것은 기본적으로 타인에 대한 한 사람의 확고한 약속을 다루는 문제인 것이다.

그러나 로맨틱한 사랑으로 불리는 것의 실체를 부정할 수는 없다. 타인에 대한 한 사람의 관계 속에서 하나님의 모든 창조물들 가운데 가장 놀랍고 가장 심오한 신비 중의 하나가 발견될 수 있다. 어떤 저자는 성경 예언의 뚜렷한 특성을 인간 사랑의 신비에 비교한다.

> 그 특성은 사랑이 두 사람을 유혹하고, 그들을 함께 데려와, 그들을 서로 결합시키는 과정 속에서, 그리고 사람들이 세운 모든 제도, 모든 경계와 풍습을 초월하는 행동 속에서 볼 수 있다.[6]

어떤 것도 진실한 사랑을 멈출 수 없다.

> 사랑은 죽음보다 강하기 때문이다.
> ……………………………………
> 그것은 강력한 불처럼
> 강력한 화염처럼 타오른다.
> 많은 물들도 사랑을 끌 수 없다.
> 강들도 그것을 씻어버릴 수 없다.
> 만약 누군가 사랑을 위하여 그 집의 모든 부를 주고자 한다면,
> 그것은 철저히 경멸당하게 될 것이다(아 8:6-7).

---

6) Claus Westerman, *A Thousand Year and a Day: Our Time in the Old Testament*(Philadelphia: Fortress, 1962), 181-183.

성경의 심오함은 모든 인간 삶의 다양한 면을 사실적으로 다루는 데 있다. 분명히 로맨스는 건전한 현실의 좋은 처방을 위하여 극단이 거부되어야 할 영역들 중의 하나이다. 성경적인 균형은 오늘날 매우 위험하고 그릇 인도하는, 잘못된 개념에 대한 건강한 해독제로서의 역할을 한다. 사랑은 정말로 놀라운 것이며, 하나님이 만드신 사람들의 삶에 지속적으로 친밀하게 개입하시는 창조자의 특별한 계획이다. 사랑의 로맨틱한 차원은 부부관계가 해를 거듭해서 뻗어나가도록 하는 생동감 있는 역할을 한다. 동시에 부부간의 연합을 위한 제1의 토대로서의 역할을 하는 정절에 관한 깊은 약속은 절대 잊혀져서는 안 된다.

3. 결혼선택의 결과

■ ■ ■ ■ ■

> 바로가… 온 제사장 보디베라의 딸 아스낫을 요셉에게 주어
> 아내를 삼게 하니라(창 41:45).

　종종 사람들은 로맨틱한 남녀관계가 사회 활동상 거의 또는 전혀 의미가 없는 사적인 일이라고 생각한다. 그들은 그들의 관계가 자신들 외에는 어느 누구에게도 영향을 주지 않는다고 생각한다. 그래서 그들은 그것이 다른 누구와도 상관없다고 결론짓는다. 그러나 사랑과 결혼은 늘 두 장본인들을 훨씬 뛰어넘는 광범위한 결과를 낳는다. 가족과 친구뿐 아니라 오는 세대들에 대하여 영향을 준다. 사랑의 관계는 다른 사람의 삶에 중요한 영향을 준다.

　에서가 결혼 상대자로 가나안 여인을 선택한 것은 이삭과 리브가, 즉 그의 부친과 모친의 마음에 큰 슬픔의 원인이 되었다(창 26:34-35). 결국 자신의 가나안 아내들이 부모에게 슬픔이 되었다는 것을 알았을 때, 그는 아브라함이 애굽 여인 하갈에게서 얻은 아들 이스마엘의 후손을 세 번째 아내로 취했다(창 28:8-9). 부가적으로 취한 이 행동이 이삭과 리브가의 슬픔을 덜기에 미약했다는 것은 의심의 여지가 없다.

　어쨌든 에서는 그의 형제 야곱과 동일한 장소에 계속 함께 있기에는 너무 큰 가족으로 빨리 성장한다(창 36:6-8). 그 결과 그는 결국 사해의 남동쪽에 위치한 바위산들 가운데 있는 세일 땅에 정착하게 된다. 에서는

약속의 땅을 벗어나 선택된 씨로부터 분리되고 만다.

결혼은 그 자체로써 광범위한 결과를 가져온다. 다른 종교적 헌신을 한 사람들과 연합한 것 때문에 에서와 그의 후손들은 하나님의 구속 약속의 축복으로부터 분리되었다.

그러나 이 "바람직하지 않은" 결혼의 부정적인 결과는 전적으로 취소할 수 없다. 하나님은 그분의 관대한 은혜로 절망적인 상황 속으로 들어가 구원하시기를 기뻐하신다. 결국 하나님의 이름이 에서의 후손 에돔 족속에게 임하신다. 이것은 에서의 계보에 대한 하나님의 선택의 은총을 가리키는 것으로서, 마치 야곱의 계보에 대해 하셨던 것과 동일하다(암 9:12; 참조, 신 28:9-10).

결혼은 구속의 영역과 마찬가지로 사회적인 위치에 영향을 줄 수 있다. 바로가 요셉을 높였던 일들 중의 하나는 그를 위하여 주선한 결혼이다. 바로는 요셉을 애굽 땅을 다스리는 제2인자로 세운 것 외에도 온 제사장의 딸 아스낫을 그에게 주어 아내가 되게 하였다(창 41:43, 45). 이미 지적한 것처럼, 애굽의 왕조차도 "이 가문에서 그들의 아내를 선택하여" 영예로운 상태의 요셉을 좀더 드러내었다.[7] 그는 "애굽에서 가장 구별된 특권계급, 태양신 제사장의 딸"과 결혼함으로 특권이 주어졌다.[8] 새롭게 획득한 이 영예로운 위치로 요셉은 "온 애굽 땅을 순찰했다." 그가 애굽 전체 사회에서 왕족으로 대우받았다는 것은 의심의 여지가 없는데, 그것은 부분적으로 그의 새 신부와의 연합을 통하여 얻게 된 탁월함 때문이다(창 41:45c).

---

7) Aalders, *Genesis*, 2:216.
8) Keil and Delitzsch, *Biblical Commentary*, 1:352.

기본적으로 사회적 신분이 동기가 되는 결혼은 비참하다고 할 수 있다. 그 사실을 인정해야 한다. 결혼선택은 오랫동안 지속될 것이 틀림없는, 사회적으로 분명한 결과를 가져온다. 물론 사랑의 선택은 모든 사회적 영예에 대한 고려를 피하기로 결정할지도 모른다. 그런 결정은 경멸될 것이 아니라, 인간의 사랑의 힘에 대한 증거로서 인정되어야 한다. 단지 영예 혹은 부를 얻기 위해 결혼하는 사람은 아마도 가장 동정받아야 할 사람일 것이다.

4. 삼각관계

내가 형과 크게 경쟁하여 이기었다 하고 그 이름을 납달리라 하였더라(창 30:8).

　결혼관계의 친밀성은 매우 중요한 인간 본질과 관련되어 있다. 그 본질이란, 관계에 대한 제3자의 개입은 반드시 가장 강렬한 원한의 표출로 인도된다는 것이다. 이는 인간 경험의 어느 곳에서나 발견된다. 총서들은 질투, 음모, 증오, 살인, 그리고 삼각관계의 결과로서 흐르게 되었다는 나쁜 혈통 등에 대해 자세히 기록해 왔다. 최근에 가장 많이 인용하는 것 중의 하나는 전처와 그녀의 남자친구를 곤봉으로 때려 고소된 유명한 운동선수의 진술이다. "만일 내가 저질렀다고 그들이 말하는 것을 내가 행했다면, 그것은 내가 그녀를 얼마나 사랑했는지 보여주는 것이 아니겠습니까?" 모든 세대와 문화 속에서 창조 질서를 방해하기 위한 끊임없는 노력에도 불구하고 성(sex)은 두 사람, 오직 두 사람만을 위해 의도된 것이다. 태초에 하나님께서 정하신 결혼 명령을 존중하지 못해서 발생한 비극 두 가지 예를 창세기에서 생각해보자.
　여러 해 동안 아브라함과 사라는 자식이 없었다. 인간적으로 말하자면, 사라는 임신하여 아이를 낳을 수 있는 나이를 넘겼다. 사라는 하나님께서 그의 남편에게 약속한 수많은 자손에 관한 약속을 성취하실 책임을 생각하면서, 후처를 그에게 주어 자녀를 낳도록 제안했다. 이 같은 방법으로 사라는 "그녀를 통해 가족을 이루기"(창 16:2)를 희망한 것이다. 그러므로 이 경우 삼각관계는 사라에 의해 만들어진 것이다.

사라의 제안대로 아브라함은 그녀의 시종 하갈에게서 아들을 얻었다. 사라의 모든 계획은 성공했고, 그 결과 그녀는 아주 만족한 것처럼 보였다.

그러나 인간의 미묘함한 감정들은 쉽게 억제되지 않는 것이다. 반드시 배우자에 대한 질투를 동반하는 전형적인 좌절감의 표출 속에서 사라는 그의 남편 아브라함에게 분노를 드러낸다. 사라는 "나의 받는 욕은 당신이 받아야 옳도다"(창 16:5)라고 말한다. 사라 자신이 그 모든 관계를 만들었음에도 불구하고(창 16:2-3), 그녀는 자신의 불행을 아브라함 탓으로 돌리고 있다. 행복한 가족의 모든 평화가 깨어지고 말았다.

또한 하갈이 임신 후 취한 반응은 이미 예기된 발전의 행로를 정확하게 따른다. 그녀는 자신의 임신이 확인되자, 새롭게 형성된 신분을 거만하게 과시하고 주인 사라를 멸시하기 시작했다(창 16:4b). 사라는 과거 십 년 넘게 기회를 가져 왔다. 이제 하갈은 한 여자로서 진정한 가치를 증명할 것이다. 하갈이 아브라함의 아들을 낳는 사람이라면, 과연 지금 사라의 위치는 무엇인가? 삼각관계는 항상 다툼, 질투, 불화, 거만, 그리고 모든 면에서 분란을 일으킨다.

창세기에서 이와 동일한 관점을 보여주는 예는 아마도 야곱과 그의 두 아내 레아와 라헬 사이에 형성된 삼각관계에 대한 기사에서 끌어올 수 있을 것이다(창 29:31-30:24). 레아는 라헬이 한 명의 자식을 낳기 전에 여섯 명의 아들을 낳았다. 라헬은 자신의 불임을 보상하기 위하여 그의 시종을 야곱에게 주었다. 그러자 레아는 야곱의 아내들 사이에서 발생한 이 투쟁에서 기선을 제압하기 위해 동일한 방법으로 대응했다. 결국 라헬은 야곱에게서 한 아들을 낳았다. 그녀는 "하나님께서 더하신다"는 의미로 요셉이라고 이름 지었다. 한 아들로 전혀 만족하지 않고, 라헬은 첫 아이의 이름 짓기를 통해 더 많은 아들을 얻으려는 자신의 욕망을 투영했다. 결국 라헬의 기도는 베냐민의 출생으로 응답되었다. 그러나 그녀는 이 둘째 아들을 분만하면서 그녀 자신의 생명을 비싼 값으로 지불했다(창 35:16-18).

분명히 두 여인은 그들의 남편인 한 남자의 사랑을 얻기 위하여 투쟁했다. 라헬의 여종이 두 번째 아들을 출산했을 때, 그녀는 "내가 형과 크게 경쟁하여 이기었다"(창 30:8)라고 선언했다. 문자적으로 그 본문은 "내가 하나님 앞에서 크게 투쟁했다"로 읽을 수 있다. 즉 히브리 식으로 말하자면 그것은 "내가 굳센 투쟁을 했다"[9]이다. 이 두 자매는 그들의 전 삶을 통해 서로 질투심에 사로잡힌 투쟁으로 괴로워했다.

야곱은 열두 아들로 끝이 났으나, 또한 그 가족 안에서 분명히 불화로 매듭을 지었다. 두 명의 다른 아내의 자녀들 간의 경쟁으로 형성된 이 분열은 사랑 받는 라헬의 아들에 대한 레아의 아들들의 지독한 질투에서 발생했다. 순진하고 젊은 요셉은 그의 꿈에 계시된 것처럼 자신의 우월성을 설명함으로써 그의 형제들을 조롱했다. 그의 부친과 모친조차도 그에게 절하게 될 것이라고 했다. 그의 이복형제들은 그에게 친절한 말 한 마디 할 수 없을 정도로 그를 매우 미워했다(창 37:4). 결국 형제들은 요셉을 죽이려는 음모를 실행할 첫 번째 기회를 포착한 후 요셉을 노예로 팔았다. 그러나 야곱은 그가 사랑한 아내의 아들에 대한 편애로 발생한 문제를 인식하지 못했다. 그래서 그는 요셉에 대한 편애를 다시 라헬의 둘째 아들 베냐민에게로 쏟았다(창 42:38). 이 모든 일은 하나님의 섭리적 선택인 배우자에게 전적으로 헌신하지 못한 비극적 실패에서 기인한 것이

---

[9] See Aalders, *Genesis*, 2:218.

다.

　오늘날 많은 민족들이 법적으로 일부다처제를 금지한다. 그러나 이 법 배후에 있는 원리는 끊임없이 훼손되고 있다. 이혼의 편리성은 아마도 "연속적인 일부다처제"로 일컬을 수 있는 사실상의 제도를 마음에 허용하는 것이다. 그것은 법률적인 이혼이 피할 수 없는 삼각관계에 놓여 있는 사람들 사이에 평화와 조화 그리고 행복을 유지시켜 줄 수 있다고 생각하는 것이다.

　그러나 그것은 삼각관계 속에 있는 사람들이 법률상의 이혼으로 행복을 유지하는 사례가 전혀 될 수 없다. 삼각관계는 오직 불행, 상심, 투쟁, 논쟁, 질투, 증오, 살인 그리고 황폐된 삶을 가져온다. 태초부터 하나님의 의도는 오직 두 사람이 사랑의 친밀성으로 결합되는 것이었다. 하나님의 온전하신 축복은 그의 계획을 따라 사는 사람들에게 주어질 것이다.

5. 신자와 불신자의 결혼

■ ■ ■ ■ ■

하나님의 아들들이 사람의 딸들의 아름다움을 보고
자기들의 좋아하는 모든 자로 아내를 삼는지라(창 6:2).

사람들의 악함이 땅에 번성했을 때, "하나님의 아들들"은 "사람의 딸들"의 아름다움을 보고 그들이 선택한 모든 자와 결혼했다(창 6:1-2). 이 "하나님의 아들들"은 누구이며, "사람의 딸들"과의 결혼이 갖는 중요성은 무엇인가?

여기서는 많은 해석들 가운데 네 가지 관점을 다룰 것이다. 첫 번째 견해는 초자연적인 존재들, 즉 다른 세상으로부터 온 피조물로서, 인간과 함께 거주하면서 거인의 후손들을 낳는 원인이 된 자들이다. 그래서 어떤 현대 번역은 이 구절을 다음과 같이 해석한다.

> 초자연적인 존재 일부가 이 소녀들이 아름답다는 것을 보았다. 그래서 그들은 자신이 좋아한 자들을 취했다… 이 날 이후로 땅에 있는 거인은 인간 여인과 초자연적 존재들의 후손이었다(창 6:2, 4).[10]

이 기상천외한 분석은 본문의 언어를 매우 심하게 확대해서 필연적으

---

10) *Good News Bible: Today's English Version*(New York: American Bible Society, 1976).

로 성경을 무가치한 것으로 만들었다. 피조물이 다른 세상에 존재한다거나 그들이 사람과 결혼하여 후손들을 낳을 수 있는 능력이 있다는 이 견해를 지지하는 성경 본문의 증거는 없다.[11]

---

11) 이 해석은 구 킹 제임스 역본(The Old King James Verson)에 기초하고 있는 것으로 "자이언트"는 이 연합의 후손이라고 진술한다. 이것은 창세기 6:4(gigantes)에 기록된 '네피림'(nephilim)과 '기보림'(giborim)에 대한 70인역의 용어를 취한 데서 기인한 것이다. 그러나 그 용어는 히브리어로 "자이언트"를 의미하지 않는다. 문자적으로 그 히브리어 단어 '네피림'은 아마도 "타락된 자" 혹은 "타락한 자"를 의미하고, 다른 의미로 잔인하고 힘 있는 자들을 의미한다. 이 용어는 모세가 보낸 정탐꾼들이 정상적인 사람들보다 큰 자를 '네피림'이라고 보고한 가나안 거주민을 가리키는 데 사용되었다. 그들은 문자적으로 정탐꾼이 자신들을 아낙 자손과 비교하여 "메뚜기"로 만든 "평가의 사람"을 서술하는 것이다(민 13:32-33). 다른 곳에서 가나안 땅에 거하는 아낙 자손들은 "장대한" 것으로 묘사된다(신 9:2; 참조, 수 15:14; 21:11; 또한 신 2:20-21; 3:11; 암 2:9을 보라). 추측컨대, 그들의 크기는 오늘날 평균 사람의 키보다 커서 불균형을 이루지 않는다. 그러나 '네피림' 혹은 아낙 족속은 초자연적 존재의 후손 혹은 다른 세계에서 온 피조물이라고 제안하는 언급이 아무 데도 없다.

성경 다른 곳에서 구속사의 내러티브 속에 신화적 삽입을 위한 조금의 공간도 주어지지 않았다는 사실에도 불구하고, 다양한 신학적 특색의 현대 해석가들은 이 구절에 대한 신화적 견해를 선택하는 경향이 있다. 베스터만(Claus Westerman), *Genesis 1-11: A Commentary*(London: SPCK, 1984), 372은 "이 (신화론적) 해석은 광범위한 의견일치라 할 수 있는 것으로 흔히 발생한다"고 진술함으로써 현재의 일반적 견해를 요약한 후, 다른 신화론적 관점을 지지하는 9명의 다른 저자들을 인용한다. E. A.Speiser, *Genesis: Introduction, Translation, and Notes*(Garden City, N.Y.: Doubleday, 1964), 44는 "하나님의 아들들"을 '인간들'과 반대되는 것으로, '불멸의 존재'에 강조점을 두는 "신적 존재들"로 번역한다(p. 45). 그는 이 고립된 파편의 신화론이 구별되지 않음에 대해서 말한다. 즉 그것은 "전체 성경이 불규칙할 뿐 아니라 극도로 의문적이고 논쟁적임"을 말한다. 이 구절이 신화론적으로 해석되었다는 인식은 성경 전체의 불

둘째, "하나님의 아들들"은 천사들로 이해되었다. 이 해석은 구약의 다른 곳에서 "하나님의 아들들"이라는 문구가 천사들을 언급한다(욥 1:6; 2:1; 38:7, 그리고 단 3:25도 가능)는 사실의 관점에 근거했기 때문에 보

규칙적인 것이 가치있게 주목된 것이다. 브루스(Bruce Vawter), *On Genesis: A New Reading*(Garden City, N.Y.: Doubleday, 1977), 110는 이 구절을 유사하게 검토한다. 그는 "신화의 본래 의미를 결정하는 것은 어렵지 않다… 그것은 신과 인간 존재의 이 종족 혼합에 관해 말하는 것이다. 그것은 흔히 자이언트로 묘사된 초인적 재능을 가진 잡종 종족의 부흥으로 이끈다"고 말했다.
이 구절에 대한 이런 유형은 흔히 매우 큰 확실성을 가지고 제안되었다. 바터(Vawter)는 "본래 신화의 역본에서 하나님의 아들들은 인간 여인들과 동거하는 신이었다는 데 의심이 없다"고 주장한다(p. 111).
이방 신화론과 성경의 종교 사이의 간격을 연결하기 위하여, 어떤 사람은 신화를 "인간 역사에서 그것의 완전한 자리를 가지고 있는 실체를 제안하는 방법으로" 분석하려는 경향을 가진다(Westermann, *Genesis 1-11*, 382). 그러나 "장미"는 여전히 어떤 다른 이름으로도 "장미"인 것처럼, 신화는 여전히 인간의 상상의 허구적 창조물이다. 신화는 큰 위엄의 용어를 부여하기 위해 반복된 노력임에도 불구하고 모든 시간과 장소, 무시간과 무장소에 발생된 사건을 묘사한다. 성경의 구속사는 현실 세계에서 실제의 사람들에게 발생한 실제의 사건들을 묘사하기 때문에, 신화의 범주는 구속사의 사건들을 보고하기 위한 적절한 장치로 전혀 사용될 수 없다. 베스터만은 "이스라엘에서 기인된 신화들이 없다는 사실과 마찬가지로 구약에 기록된 신화에 대한 급진적 비평주의"를 인식한다(p. 382). 그러나 그는 창세기 6:4 하반절에는 "신화적인 것이 없다"고 확고히 한다 할지라도, 여전히 창세기 6:4 상반절에 신화의 존재를 주장한다(p. 378).
끝으로 이 사건을 신화로서 다루기를 제안하는 사람들은 실제로 발생한 사건을 기록한 성경을 믿으려는 의도가 없기 때문에 그렇게 할 수 있는 것이다. 대신에 그 "사건"은 그 신화로 봉인된 "무시간성의 진리"를 얻기 위하여 "비신화화"되어야 한다고 보고한다. 아름다운 인간 여인과 동거하는 "신들"을 위한 언급은 비신화화되었다. 그래서 한 주석가에 의하면, 그것은 허구적 이야기의 진정한 목적이

다 좋은 의미를 산출한다.[12] 그러나 성경 문맥에서 볼 때, 이 구절이 신들 혹은 천사들이 인간과 함께 거주했음을 언급하려는 의도로 쓰여졌다는

인간이 그들의 제한들을 뛰어넘으려는 인간의 열정에 대한 압도적인 힘을 묘사하는 것이다(Westermann, *Genesis 1-11*, 381). 그러나 곧바로 성경 내러티브가 "신들"을 소개하므로 이것을 비신화화하고 그 후 그들을 여과하는 것은 그것이 성경에 보고된 것처럼 구속사의 기록을 적절하게 다루는 데서 벗어난 것이다. 분명한 성경의 믿음은, 옛 언약과 새언약의 형식은 다신론적 신화론을 배격하고, 그것의 주장은 한 분 창조자 하나님이 성육신으로 내재성을 충분히 만족한 것처럼 사건 속에서조차 그의 창조로부터 구분되신다는 것이다.

12) 이 표현은 "엘림의 아들들"(Sons of Elim)이라는 문구에 의해서 평행을 이루는데, 그것은 시편의 두 구절에서 천사들을 언급하는 데 나타난다(시 29:1; 89:7). 이 견해 또한 현대 고등비평적 해석자들이 개인적인 의문들과 더불어 선호한다. 폰 라드(Gerhard von Rad)는 그의 창세기 주석(Philadelphia Westerminster, 1976)에서 "천사들의 결혼"이라는 표제로 그 부분을 소개한다(p. 113). 그러나 그의 개인적 견해에 성경을 편의상 사용하기 위하여 그는 ("자이언트"로 해석한) **네피림**에 관한 창세기 6:4의 진술은 "**물론**, 천상의 존재들이 인간 여인과 결혼한 결과로 낳은 자녀들, 이 자이언트들을 위해 **의심 없이** 2절 다음에 (즉시로) 온다"(p. 115. 굵은 글씨 첨가)고 주장한다.

잘 알려지지 않은 무명의 신앙 영웅이자 오스틴 신학교에서 수년 동안 구약을 가르친 로버트 그립블(Robert Gribble)은 이 불신앙의 학자들의 포괄적이고 증명할 수 없는 일반화 작업을 "교활한 말들"이라고 라벨을 붙였다. 만약 신학적 관점이 견고하게 서지 않았다면 조심스럽게 주해하라, 그러면 주장은 "모든 학자들이 … 에 관해 동의하는"과 같은 진술로 보호될 수 있다. 고전적인 예는 오경의 기원에 관해 율리우스 벨하우젠(Julius Wellhausen)이 획기적으로 대중화한 문서가설 속에서 찾을 수 있다. 그는 야웨 문서(Jehovistic document)를 주목함으로써 "모두 즐겁게 동의했고…", 그리고 "신명기의 기원에 관해 다소 덜 논쟁적이며, 객관적 결과의 평가가 있는 모든 서클에서 기대하고, 그것은 그것이 발견된 동시대를 구성하고 있다는 것을 인식했다"고 선포했다(Julius Wellhausen, *Prolegomena*

것은 결코 명백하지 않다.[13] 동등하게 "하나님의 아들들"이란 구절은 많은 곳에서 초자연적인 존재들보다 다른 어떤 것을 가리키는 데 사용되었다(시 73:15; 신 32:5; 호 1:10).

결론적으로 "하나님의 아들들"이 천사였다는 관점에 이의를 제기하자면, 천사는 결혼하지 않으며 결혼 가운데 있지도 않다는 예수님의 증언이다(마 22:30; 막 12:25; 참조, 눅 20:34-36).[14] 이 네피림의 독특성을 천사와의 동거 탓으로 돌려야 할 적합한 이유가 없다.

셋째, "하나님의 아들들"은 왕들로 정의된다. 이 해석은 "하나님의 아들들"의 타이틀에 대한 존엄성을 반영한다. 어떤 해석자는 이 칭호가 신적 존재들과 신 혹은 반신(semi-divine)으로 주목받은 홍수 이전의 고대

---

    to the History of Ancient Israel 〈New York: Meridian Books, 1957〉, 9).
    이 구절에 대한 폰 라드의 분석의 경우, 성경 본문이 그의 해석을 동의하지 않기 때문에, 그는 그것의 진술을 재배열했다. 그가 이 재배열을 하려는 필요성을 가진 이유는 성경 본문의 현재 상태로서는 4절의 영웅이 "창조의 반대되는 것"과의 연합의 후손이라는 것을 확고히 해주지 않기 때문이다(*Genesis*, 115).

13) Aalders, *Genesis*, I:153, "하나님의 아들들"이 "천사"라는 견해는 거부되었다.

14) 창세기 6장에서 "하나님의 아들들"과 "사람의 딸들" 사이에 형성된 관계는 그들이 "아내를 취했다"는 것을 주목할 때 분명히 설명될 수 있다. 이 "아내를 취했다"는 구절은 전 구약을 통해서 창조 때 하나님께서 제정하신 결혼관계를 표현하는 것이다. 그것은 **포르네이아**(간음), 혹은 단순한 육체적 관계에 전혀 적용되지 않았다(Keil and Delitzsch, *Biblical Commentary*, I:131). 가끔 천사들이 아브라함에게 온 세 방문자처럼 인간의 형체로 인간 가운데 잠시 스스로를 나타내 보이기도 했다(창 18:1-2). 그러나 만약 이들이 성관계 능력이 있다고 한다면 그것은 의심스럽다. 그것은 그들의 인간적인 측면이 그 능력을 소유했음을 의미하기 때문이다.

통치자들이라고 말한다.[15] 그러나 이 구절이 성경 다른 곳에서 이런 의미로 사용된 일이 있는지 의심스럽다. 동시에 하나님의 아들로서 모든 구속자의 개념은 성경 전체에 흐르는 주제이다.

넷째, "하나님의 아들들"은 성경의 첫 메시아 약속과 일치하여, 사단과 충돌하게 되는 "여인의 후손"을 가리킨다는 제안이다(창 3:15). 이 신적인 후손은 하나님의 구속의 은총에서 떠난 타락한 인간의 자연적 후손을 표현하는 "사람의 딸들"과 대조된다. 이 고전적 해석은 두 "후손"이 서로 대조 속에서 발전하는 창세기의 광범위한 문맥에 비추어 볼 때 제일 적합하다.[16]

이 사건의 비극은 "하나님의 후손"과 "사단의 후손"이 연합된 상태가 되었다는 사실에서 볼 수 있다. 이 슬픈 이야기의 결과는 인간 역사를 통해 거듭 반복해서 말해진다. 하나님의 아들들과 사람의 딸들이 결혼하는 첫 번째 사례는 사람의 마음속에 있는 악에 기여한다. 그 악함은 너무나 커서 "그 마음의 생각의 모든 계획이" 항상 악할 뿐이다(창 6:5*). 결국 하나님은 홍수를 통해 사람들을 땅의 표면으로부터 쓸어버리기로 결정하셨다.

만약 하나님이 신자와 불신자의 결혼을 악하게 보신다는 것에 대한 어떤 의문이 제기된다면, 여러 성경 구절의 분명한 교훈들을 생각해 보라.

---

15) David Clines, "The Significance of the 'Son of God' Episode in the Context of Primeval History," *Journal for the Study of the Old Testament* 13(1979): 33ff., David Atkinson, *The Message of Genesis 1-11: The Dawn of Creation*(Leicester: Inter-Varsity, 1990), 130에 인용됨.

16) 이 견해는 알더스, Genesis, I:154에 의해서 주장되었다.

첫째, 출애굽기 34장 15-16절이다.

> 너는 삼가 그 땅의 거민과 언약을 세우지 말지니 이는 그들이 모든 신을 음란히 섬기며 그 신들에게 희생을 드리고 너를 청하면 네가 그 희생을 먹을까 함이며 또 네가 그들의 딸들로 네 아들들의 아내를 삼음으로 그들의 딸들이 그 신들을 음란히 섬기며 네 아들로 그들의 신들을 음란히 섬기게 할까 함이니라.

모든 사람은 신을 가지고 있다. 만약 한 사람의 신이 공식적으로 숭배되지 않는 상태라면, 그것은 그 교묘함 때문에 참 하나님을 예배하는 자에게 훨씬 더 위험할 것이다. 다른 신을 섬기는 배우자는 하나님의 사역에 전적으로 헌신하는 배우자를 점진적으로 끌어당길 것이다. 게다가 자녀들이 태어났을 때, 비그리스도인 배우자가 자녀에게 기도하도록 하거나 믿음으로 성경을 읽고 예수를 구주로 신뢰하도록 가르치는 것은 불가능하다. 자녀들은 아버지의 걸음걸이를 닮는 것처럼 자연스럽게 아버지의 종교를 따르게 될 것이다. 어머니의 모유를 먹듯이 그들은 자연스럽게 어머니의 종교를 마시게 될 것이다.

둘째, 신명기 7장 3-4절이다.

> 또 그들과 혼인하지 말지니 네 딸을 그 아들에게 주지 말 것이요 그 딸로 네 며느리를 삼지 말 것은 그가 네 아들을 유혹하여 그로 여호와를 떠나고 다른 신들을 섬기게 하므로 여호와께서 너희에게 진노하사 갑자기 너희를 멸하실 것임이니라.

주님은 불신자들과 결혼하지 말라고 분명히 명령하신다. 이 구절에서 불신자와의 결혼을 금지하는 두 가지 이유가 있다. 첫째, 불신자들은 후손들로 하여금 하나님을 떠나게 할 것이기 때문이다. 다른 말로 하자면, 불신자들은 하나님 백성의 미래 세대를 죄의 삶으로 인도할 것이다. 둘째, 주님의 진노가 너희에게 불타오를 것이고, 갑자기 너희를 멸하실 것이기 때문이다. 하나님의 백성은 더 이상의 이유를 요구하지 말아야 한다. 주님의 진노를 피하기 위하여 불신자와 결혼해서는 안 된다.

셋째, 사사기 3장 4, 6절이다.

> 남겨두신 이 열국으로 이스라엘을 시험하사 여호와께서 모세로 그들의 열조에게 명하신 명령들을 청종하나 알고자 하셨더라… 그들의 딸들을 취하여 아내를 삼으며 자기 딸들을 그들의 아들에게 주며 또 그들의 신들을 섬겼더라.

하나님께서 그의 백성을 불신자 가운데 살도록 하신 두 가지 이유가 있다. 첫째, 하나님은 신자들이 불신자들에게 증인이 되기를 원하신다. 둘째, 하나님은 신자들이 그의 명령에 순종하는지 보기 위하여 시험하신다. 주님의 명령은 신자들이 불신자들과 결혼해서는 안 된다는 것이다.

불신앙의 남자와 여자가 친절하고 사랑스러우며, 사려 깊고 단정하고, 아름답고 매력적일 수 있다. 선지자 에스겔은 이스라엘 민족을 그 사랑하는 자, 앗수르 사람, 즉 "자색 옷을 입은 방백과 감독, 준수한 소년, 말 타는 자들"을 사모하여 행음한 것으로 묘사한다(겔 23:5-6). 그러나 하나님의 백성은 속지 말아야 한다. 의자에 앉아 있는 사람은 항상 땅에 견고하게 서 있는 사람이 넘어뜨리는 법이다. 불신앙의 배우자와 결혼한 사람은 우상 숭배자들과 결혼한 이스라엘 족속이 결국 스스로 우상숭배를 하게 된 것처럼, 그 상대방 쪽으로 쉽게 넘어질 수 있다.

넷째, 열왕기상 11장 1-11절이다.

솔로몬 왕이 바로의 딸 외에 이방의 많은 여인을 사랑하였으니 곧 모압과 암몬과 에돔과 시돈과 헷 여인이라 여호와께서 일찍이 이 여러 국민에게 대하여 이스라엘 자손에게 말씀하시기를 너희는 저희와 서로 통하지 말며 저희도 너희와 서로 통하게 말라 저희가 정녕코 너희의 마음을 돌이켜 저희의 신들을 좇게 하리라 하셨으나 솔로몬이 저희를 연애하였더라 왕은 후비가 칠백 인이요 빈장이 삼백 인이라 왕비들이 왕의 마음을 돌이켰더라 솔로몬의 나이 늙을 때에 왕비들이 그 마음을 돌이켜 다른 신들을 좇게 하였으므로 왕의 마음이 그 부친 다윗의 마음과 같지 아니하여 그 하나님 여호와 앞에 온전치 못하였으니 이는 시돈 사람의 여신 아스다롯을 좇고 암몬 사람의 가증한 밀곰을 좇음이라 솔로몬이 여호와의 눈앞에서 악을 행하여 그 부친 다윗이 여호와를 온전히 좇음같이 좇지 아니하고 모압의 가증한 그모스를 위하여 예루살렘 앞 산에 산당을 지었고 또 암몬 자손의 가증한 몰록을 위하여 그와 같이 하였으며 저가 또 이족 후비들을 위하여 다 그와 같이 한지라 저희가 자기의 신들에게 분향하며 제사하였더라 솔로몬이 마음을 돌이켜 이스라엘 하나님 여호와를 떠나므로 여호와께서 저에게 진노하시니라 여호와께서 일찍이 두 번이나 저에게 나타나시고 이 일에 대하여 명하사 다른 신을 좇지 말라 하셨으나 저가 여호와의 명령을 지키지 않았으므로 여호와께서 솔로몬에게 말씀하시되 네게 이러한 일이 있었고 또 네가 나의 언약과 내가 네게 명한 법도를 지키지 아니하였으니 내가 결단코 이 나라를 네게서 빼앗아 네 신복에게 주리라.

어떤 사람들은 그들이 이스라엘 사람들보다 더 지혜롭다고 생각하도록 유혹받을지도 모른다. 즉 그들은 불신자 배우자에 의해 잘못된 영향을 받게 되는 것을 극복할 수 있다고 생각한다. 이렇게 생각하는 사람은 누구든지 예수 그리스도 이외에 지구상에 살았던 가장 현명한 사람의 운명을 깊이 생각해 보아야 한다. 솔로몬이 불신자와 결혼한 결과를 생각해 보라.

그가 젊었을 때가 아니라 "솔로몬이 늙게 되었을 때", 그의 아내들은 그에게 다른 신을 섬기도록 했다. 그래서 그의 마음은 여호와께 전적으로 헌신하지 못했다(4절). 솔로몬의 지혜가 나이와 더불어 발전했다고 생각할 수 있다. 그렇지만 불신자 배우자들과의 관계에서 믿음은 정반대였다. 솔로몬은 예루살렘 성전이 있는 산 바로 앞 장소, 즉 "가증한 언덕"이라고 알려진 그곳에 아내들의 다양한 신들을 위해 무수한 신전을 세웠다. 그 결과 주님은 진노하셨고, 그의 왕국은 분열되었다.

솔로몬의 죄의 결과를 주의 깊게 생각해 보라. 다음 세대 200년 동안 하나님 나라의 백성들은 둘로 분리된 채 서로 싸우게 되었다. 그 동일한 문제가 오늘날에도 하나님의 백성 가운데 발생할 수 있다. 신자와 불신자의 결혼은 가정뿐만 아니라 교회와 나라에 손실을 가져온다.

만일 불신자와의 결혼을 금지하는 것은 단지 옛 언약 시대의 백성에게만 적용되는 것이라고 합리화하도록 유혹 받는다면, 다섯 번째로 고린도후서 6장 14-18절에 기록된 바울의 교훈을 생각해 보라.

> 너희는 믿지 않는 자와 멍에를 같이 하지 말라 의와 불법이 어찌 함께 하며 빛과 어두움이 어찌 사귀며 그리스도와 벨리알이 어찌 조화되며 믿는 자와 믿지 않는 자가 어찌 상관하며 하나님의 성전과 우상이 어찌 일치가 되리요 우리는 살아 계신 하나님의 성전이라 이와 같이 하나님께서 가라사대 내가 저희 가운데 거하며 두루 행하여 나는 저희 하나님이 되고 저희는 나의 백성이 되리라 하셨느니라 그러므로 주께서 말씀하시기를 너희는 저희 중에서 나와서 따로 있고 부정한 것을 만지지 말라 내가 너희를 영접하여 너희에게 아버지가 되고 너희는 내게 자녀가 되리라 전능하신 주의 말씀이니라 하셨느니라.

솔로몬이 여호와의 성전으로부터 골짜기를 가로질러 있는 장소에 이방 신들의 신전을 제공한 것보다 더 나쁜 것은 신자들로서 성령의 전인 그의 몸을 다른 신들을 섬기는 사람의 몸과 영에 결합시킨 일이다. 그러니까, 이방신들에 대한 예배를 주님께서 거하시는 장소인 주님의 거룩한 곳에 도입한 일인 것이다.

성경의 교훈은 틀림이 없다. 그리스도 안에 있는 신자는 불신자와 결혼해서는 안 된다. 하나님의 백성은 거룩의 표준을 타협하도록 항상 유혹받는다. 결혼하고 싶은 자연적 욕망은 사람들로 하여금 어떤 수많은 방법으로 관계를 합리화하도록 이끈다. 구원에 이르는 믿음이 결여되어 있지만 친절하고 사려 깊은 사람이 있다. 혹은 "사랑"의 매력이 너무 강해서 그 모든 것을 무시하게 될 수도 있다. 혹은 장래의 파트너가 복음을 듣는 일에 "많이 열려" 있을 수도 있다.

그러나 결과적으로 구속받은 하나님의 자손과 구속받지 못한 사단의 자손의 결합은 틀림없이 슬픔과 좌절, 실망 그리고 종종 비극을 초래한다. 신자가 불신자와 결혼을 원하는 경우, 그것은 하나님의 뜻이 무엇인지 정확히 결정하는 그런 문제가 아니다. 왜냐하면 하나님은 그분의 뜻을 위해 분명히 나타내셨기 때문이다. 그리스도인은 비그리스도인과 함께 불공평하게 멍에를 메서는 안 된다.

6. 잘못된 결혼
■ ■ ■ ■ ■

> 에서가 사십 세에 헷 족속 브에리의 딸 유딧과 헷 족속 엘론의 딸 바스맛을
> 아내로 취하였더니 그들이 이삭과 리브가의 마음의 근심이 되었더라
> (창 26:34-35).

 삶에서 상상할 수 있는 매우 두려운 상황 중의 하나는 잘못된 결혼이다. 어떤 사람은 결혼의 전망에 관해 두려움을 갖게 되는데, 그 이유는 그들이 "잘못된" 사람과 결혼하여 그 상태가 영원히 지속될지도 모르는 가능성을 두려워하기 때문이다.
 의심할 여지 없이 어떤 사람들은 무엇인가 잘못된 결혼이라고 생각되는 상황에 도달한다. 결혼을 통한 연합이 잘못된 결혼이라는 결론에 도달할 때 틀림없이 커다란 근심에 빠지게 된다. 사람들은 잘못된 결혼이라는 개념을 자신들의 미래에 대한 절망이나 그리스도에 대한 섬김을 제한하는 것, 또는 그릇된 이혼 신청을 위한 변명으로 사용한다. 사실상 성격, 교육, 문화, 분위기 등의 많은 차이는 단지 사람들이 인내하고 신실하며 하나님을 신뢰하기만 한다면 결혼관계에서 극복될 수 있을 것이다. 결혼관계에서 절망해야 할 이유가 전혀 없다.
 영국 소설가 엘리자베스 가우치(Elizabeth Goudgh)는 한 남자에게 관심을 가진 두 자매에 대한 흥미 있는 이야기를 한다.[17] 언니는 자신이

---

17) Elizabeth Goudge, *Green Dolphin Country*(London: Hodder and Stoughton,

그 남자의 애정의 대상이라고 확신했다. 그러나 실제로 그는 동생을 사랑했다. 그 남자는 영국 아이슬랜드 해협에서 뉴질랜드까지 항해를 했다. 몇 년 후 그는 두 자매의 아버지에게 청혼 편지를 보내어, 자기가 선택한 신부가 자신을 만나기 위하여 항해할 수 있도록 허락해 달라고 요청했다. 여러 달을 기다린 후, 그 남자는 선착장에 서서 자신이 사랑하는 사람을 첫눈에 알아보기 위해 열심히 지켜보고 있었다. 그러나 배에서 내린 사람은 동생이 아니라 언니였다. 일이 그렇게 된 원인은 두 자매의 이름이 비슷하여 그가 청혼 편지를 쓸 때 술에 취해 이름을 잘못 기록했기 때문이었다.

그는 어떻게 해야 했는가? 언니는 소유의 승리감에 휩싸여 급히 다가오고 있었다. 이 절망의 순간에 그 남자는 긴 포옹으로 자신의 얼굴을 감추었다. 그리고 나서 그는 그녀와 결혼하기 위해 절차를 밟아 나갔다. 그 후 수년에 걸쳐 그 잘못된 부부 관계는 폭풍우 같았다.

그들의 삶이 종착역에 이르렀을 때, 그 부부는 아이슬랜드 해협에 있는 집으로 돌아왔다. 이 즈음에 그녀의 동생은 수녀원에 들어갔다. 무심코 그 남자는 실제로 그가 사랑한 상대는 동생이었다고 아내에게 말했다.

특색 없는 비이기적인 투로 언니는 겸손히 행하며 동생으로 하여금 그녀가 선택된 사람이었다는 사실을 알게 했다. 이 관대한 행동은 그들의 모든 결혼 생활 동안 남편과 아내 사이에 존재했던 장벽을 허물어뜨리는

1944). 아마 그 이야기 자체보다 매우 흥미를 자아내는 것은 실제적 사건에 기초하고 있다는 것이다. 다른 대륙에 이주한 남자는 많은 해가 지난 후 그의 장래 신부를 위해 집으로 편지를 썼다. 그러나 그가 그녀의 이름을 혼동했고, 그녀의 언니는 그와 결혼하기 위하여 바다를 항해했다. 더욱이 실제 삶에서 남자는 입을 다물고 결혼을 했다.

효과를 가져왔다. 그때부터 그들은 서로 진지하게 사랑하는 법을 배웠다. 그들은 서로의 관계 속에서 극적인 변화를 경험하자마자, 외관상으로 잘못된 결혼이 전혀 다른 무엇인가가 될 수 있다는 사실을 알게 되었다.

그 소설은 비록 허구이지만, 내용이 사실적이고 명백한 교훈을 준다. 사람들이 안정적인 관계보다 훌륭한 선을 위하여 기꺼이 개인적인 기호를 포기하는 한, 실제적으로 어떤 결혼이든 잘되어 갈 수 있다.

결혼관계에서 가장 근본적인 문제를 일으킬 수 있는 상황은 하나님과 언약관계 속에 있는 사람이 동일한 언약관계 속에 있지 않은 사람과 연합하는 것이다. 개인적으로 죄 용서의 경험을 통해 이루어지는 하나님과의 화해라는 적절한 기초가 부족한 사람이라면, 관계의 부조화가 생길 때마다 배우자와의 사이에서 화해를 위한 충분한 기초를 발견할 수 없을 것이다. 남편과 아내 사이에 오해와 잘못은 발생할 수 있고, 그 화합의 방법에 대한 충분한 이해는 하나님께서 죄인을 구속하기 위해 그의 아들을 포기하신 것 속에 계시된 것처럼, 충분히 조화로운 관계를 회복하는 가장 효과적인 방법을 제공해 준다. 만약 두 사람이 이러한 아주 기본적인 점에 동의하지 않는다면, 그들은 함께 동행하는 데 매우 어려움을 겪게 될 것이다.

잘못된 결혼 문제에 대한 분명한 예증은 이삭의 아들 에서의 경우에서 발견할 수 있다. 에서는 40세가 되어 결혼했고, 그 부친 이삭도 40세에 에서의 모친 리브가와 결혼했다(창 26:34; 25:20). 아마도 에서는 자신의 방법으로 존경받는 부친의 모범에 필적하고자 노력한 것 같다. 그러나 동기가 무엇이든 간에 에서는 그 부친이 이전에 신부를 선택한 기본적인 원리를 붙잡는 데 크게 실패한 것으로 보인다. 에서는 그의 부친처럼 동일한 믿음을 수행할 수 있는 사람과 결혼하는 대신, 헷족속의 두 여인과 결혼했다(창 26:34). 이 연합을 잘못된 결혼으로서 주목하는 이유는 종족의 구별에 있는 것이 아니라, 종교적인 구별에 있다. 에서의 헷족속 아내들은 아브라함과 이삭에게 자신을 계시하신 하나님을 섬기지 않는다. 에서의 두 아내는 "이삭과 리브가의 슬픔의 근원"(창 26:35)이 되었다. 에서는 다른 종교적 방향을 가진 여인들과 결혼함으로써 스스로에게 고통을 보증하는 상황을 만들었을 뿐 아니라, 또한 한 명이 아닌 두 명의 여인과 결혼함으로써 다툼을 보증했다.

에서의 전적인 잘못은 계속 전개되는 이야기 속에서 분명해진다. 그의 어머니인 리브가는 남편 이삭에게 이 문제를 분명하게 말한다. 리브가는 헷족속의 여인들이 그가 사랑하는 야곱 주변에 있었기 때문에 그녀의 생명을 "싫어했다." 만약 그녀가 사랑하는 아들이 이 여인들 중 하나와 결혼한다면, 가치 있는 삶이 될 수 없는 것이다(창 26:46). 이삭은 리브가의 걱정에 동의하여 야곱에게 (에서가 행한 것처럼) 가나안 족속 여인과 결혼하지 않도록 충고하고, 친족 중에서 아내를 얻도록 그를 멀리 보냈다(창 28:1-2).

에서는 잘못된 방법으로 그의 부모를 기쁘게 하려 했다. 그는 야곱이 친족 중에서 아내를 얻기 위하여 멀리 떠났다는 말을 들었을 때, 비로소 가나안 아내들이 자신의 부모를 얼마나 불쾌하게 하는지를 깨달았다. 그래서 에서는 그 상황을 "바로잡기" 위해 아브라함이 애굽 여인 하갈에게서 얻은 이스마엘의 딸 마할랏과의 결혼을 추진했다(창 28:6-9).

하지만 에서는 상황을 바로잡을 수 없었다. 오히려 그는 세 번째 아내를 취함으로써 문제를 복잡하게 만들었다. 아브라함의 후손인 아내를 얻은 것이 결혼생활의 어려움을 해결해 주지는 못했다. 에서가 하나님을 전적으로 신뢰하지 못한 데서 비롯된 뿌리 깊은 문제들은 오직 하나님의 은총만이 해결해 줄 수 있었다.

　기쁘게도 성경의 증언들은 인간의 상황이 아무리 복잡하다 할지라도, 구원하실 수 있는 하나님의 은총이 얼마나 놀라운지 보여준다. 선지자 아모스는 에서의 세 아내의 후손들로 이루어진 에돔 족속이 하나님의 선택된 자녀가 될 것을 예기하면서, 하나님의 이름을 그들 위에 둘 날을 내다본다(암 9:12; 이스라엘에 대한 하나님의 선택에 적용되는 동일한 구절인 신 28:9-10을 참조하라). 하나님의 자녀에게 임하시는 모든 은혜는 에서의 후손에게도 임할 것이다. 아모스서는 궁극적으로 무수한 이방 민족이 새 언약의 축복 아래 하나님의 가족 안으로 충만하게 포함될 것이라는 기초를 제공하는 분명한 성경이다(행 15:15-19). 그들의 핏줄에는 아브라함의 핏방울이 없고 모든 부부관계의 불법행위가 이방 세계화되었음에도 불구하고, 무리들은 유대인 신자들을 따라 하나님의 충만한 축복 속으로 들어올 수 있다(엡 2:19; 3:6).

　이 점에 관해서 불신자와 결혼한 기독교 신자에게 주어진 분명한 교훈을 잘 주목해야 한다. 잘못된 결혼의 이러한 상황은 비기독교인 부부들 중의 한 사람이 개종했으나 나머지 한 사람은 개종하지 않을 때 발생할 것이다. 혹 그것은 성경이 그런 연합에 대하여 분명히 금지하고 있음에도 불구하고, 그리스도인이 그리스도를 주로 고백하지 않는 사람과 결혼함으로써 발생한다. 혹은 불신자가 신자가 되겠다고 고백하며 신자인 배우자를 속여 결혼하지만, 결혼 후 그의 본색을 드러냄으로써 발생하기도 한다. 이런 상황의 어떤 경우에도 그 기본적인 원리들은 똑같다.

　만약 불신자 배우자가 부부관계를 취소하고 떠나고자 한다면, 신자는 그가 떠나도록 해야 한다(고전 7:15). 그런 상황에서 신자 배우자는 매여 있지 않다. 이혼이 발생하고, 그것은 하나님에 의해 죄없는 상대방 배우자가 갖는 결혼관계의 책임을 취소하는 것으로 승인되며, 그것은 신자 배우자에게 재혼의 자유를 부여한다.

그러나 불신자 배우자가 신자 배우자와 결혼관계를 유지하기 원하는 한, 신자는 그 믿지 않는 배우자와 이혼해서는 안 된다(고전 7:12-13). 왜 그런가? 불신자 배우자가 그 신자의 믿음의 증거로 인해 믿음을 갖게 될 실제적인 가능성이 존재하기 때문이다. 이런 상황 하에서 신자는 불신자 배우자와 결혼관계를 유지해야 하는 것이다(고전 7:16; 참조, 벧전 3:1-2).

죄된, 종종 그릇 인도된 인류에게 풍성히 나타내시는 하나님의 은혜는 얼마나 위대한가! 누군가의 결혼 상황이 어떠하든지 간에, 그는 소망의 이유가 있다. 대부분의 잘못된 결혼은 예수 그리스도 안에 있는 은총을 통해서 복된 화합과 조화를 찾을 수 있을 것이다.

7. 짝사랑

■ ■ ■ ■ ■

여호와께서 레아가 사랑 받지 못함을 보시고(창 29:31).

삶에서 발생하는 매우 어려운 상황들 가운데 하나는 사람이 사랑을 보답받지 못하면서 사랑하는 것이다. 그런 상황이 발생하는 방식과 이유를 설명하기란 쉽지 않지만, 그런 상황들은 관련된 사람들에게 매우 실제적이다. 결혼의 범주 밖에서 뿐 아니라 결혼이라는 공식적인 연합 속에서도 사랑은 종종 보답받지 못한다. 아마도 어떤 쌍은 충분한 사랑으로 시작할지도 모른다. 그러나 어디선가, 웬일인지 사랑의 불꽃이 결혼관계 속에서 이 사람 또는 다른 사람의 마음 속에서 꺼져버린다. 분명히 사랑하지만 그 사랑이 되돌아오지 않는 그런 상황들은 얼마나 고통스러운가!

레아는 그의 부친 라반의 묵인으로 인해 이 상황에 처하게 되었다. 먼 나라에서 온 키 크고 거무스름한 낯선 사람 야곱은 분명히 레아보다 젊고 매우 아름다운 여동생 라헬과 사랑에 빠져 있었다. 그는 라헬과 결혼하는 특권을 얻기 위해 7년 동안 미래의 장인을 위해 일했다. 결혼식은 계획된 대로 끝나고, 야곱은 그의 신부를 신혼방으로 데리고 들어갔다. 다음날 아침이 될 때까지 그는 실제로 두 자매 중의 언니인 레아와 결혼했다는 사실을 모르고 있었다(창 29:16-26).

야곱의 좌절은 잘 기록되어 있어 충분히 이해할 수 있다. 그러나 레아가 경험해야 했던 굴욕에 관해서는 거의 언급되지 않았다. 그녀가 동생 대신 "허위 신부"로 대체된 것에 대한 그녀의 생각과 고통은 무엇이었을까? 그들이 결혼한 다음날 아침 그녀는 그녀에 대한 야곱의 깊은 절망감에 어떻게 반응했을까? 그녀는 아마 야곱을 위해 어떤 자연스런 애정을 표현했을 수도 있다. 그러나 야곱이 그녀를 배려했다는 어떠한 암시도 나타나 있지 않다.

레아는 거부된 사랑과 존중을 쟁취할 수 있는 유일한 방법으로 애쓰고 노력함으로써 이러한 고통스러운 상황에 대처했다. 그녀는 많은 자식을 낳아 그에게 선물함으로써 그녀의 남편을 영예롭게 할 것이다. 사실상, 이 보상을 조정하시는 분은 하나님 자신이시다. 성경이 주목하는 것처럼, "여호와는 레아가 사랑받지 못한다는 것을 보시고 레아의 태를 여셨고, 반면에 라헬은 아이를 갖지 못하게 하셨다"(창 29:31). 레아에 대한 하나님의 특별한 은총은 레아를 위한 하나님의 보상의 선물로 이해될 수 있다.

이 교훈을 잊어서는 안 된다. 전지(全知)하신 하나님은 그의 자녀들의 사소한 모든 것까지도 보시고 그들의 고통을 덜어 주는 당신의 방법을 갖고 계신다. 정당하게 사랑받지 못한다고 느끼는 사람은 주변을 둘러보고 하나님이 삶에서의 결핍을 어떻게 메꾸시는지 알도록 격려받아야 한다.

첫 아들을 출산했을 때 레아는 "여호와께서 나의 비참함을 보셨기 때문이다. 분명히 내 남편이 나를 사랑할 것이다"라고 외친다(창 29:32). 레아는 정확한 통찰력을 가진 믿음으로 여호와의 은밀한 행위를 이해한다. 그러나 레아는 남편의 마음을 얻을 때까지 만족할 수가 없다. 그녀는 수년 동안 더 고통을 여전히 견뎌야 할 운명이다. 그녀의 상처 입은 마음은 둘째와 셋째 아들을 출산할 즈음에 그 의중을 털어놓는다.

그가 다시 잉태하여 아들을 낳고 가로되 여호와께서 나의 총이 없음을 들으셨으므로 내게 이도 주셨도다 하고 그 이름을 시므온이라 하였으며(창 29:33).

그가 또 잉태하여 아들을 낳고 가로되 내가 그에게 세 아들을 낳았으니 내 남편이 지금부터 나와 연합하리로다 하고 그 이름을 레위라 하였으며(창 29:34).

마침내 레아는 그의 상황과 화해하는 어떤 차원에 도달한다. 그녀는 넷째 아들을 출산할 때 "이제는 내가 여호와를 찬송하리로다"(창 29:35)라고 단순히 말한다. 그녀는 남편의 애정 변화를 느끼지 못했다. 그러나 그녀는 하나님의 선하심에 주의를 집중할 것을 결심한다.

그러나 여전히 남편이 자신을 사랑하게 만드는 데 실패한 불편한 마음이 레아의 마음속 깊이 흐르고 있었다. 레아는 라헬이 그녀의 아들 르우벤의 합환채를 공유하고 싶다고 요청했을 때, 그녀의 느낌이 얼마나 강렬한지를 보여주었다. 어떤 주석가에 따르면 고대에는 이 열매가 "성적 욕망을 자극하고 최음제 역할을 한다고 믿어졌다. 어떤 사람은 그 열매로 음료를 만들었는데, 그것은 미약(媚藥)으로 간주되었다.[18] 분명히 족장시대에 합환채는 "자녀 출산을 증진시키는 수단으로" 사용되었다.[19] 그러므로 사실상 불임의 "경쟁자 아내" 라헬은 레아에게 아이를 낳게 하는 수단으로 그것을 제공할 것을 요청한 것이다. 그에 대해 레아는 "네가 내 남편을 빼앗은 것이 작은 일이냐? 네가 내 아들의 합환채도 빼앗고자 하느냐?"며 감정을 폭발했다(창 30:15). 레아는 수년 동안 동생에 대한 이 분노를 감추고 있었다. 흥미로운 것은 "야곱을 내 남편"이라고 부르는 사

---

18) Aalders, *Genesis*, 2:119.
19) Keil and Delitzsch, *Biblical Commentary*, 1:289.

람은 항상 레아이지 라헬이 아니라는 사실이다(창 29:32, 34; 30:15, 18, 20). 비록 라헬의 결혼식 밤이 되었어야 할 때에 간교하게 야곱이 레아의 남편이 되긴 했지만, 레아는 그 당시 관습에 의해 그녀가 정당화되었다고 생각했다. 레아는 첫 딸이 먼저 결혼하는 전통적 관습 때문에 먼저 결혼한 것이다. 그런 관점에서 레아는 라헬이 야곱에 대해 그녀의 요구를 주장하기보다는 오히려 취소해야 한다고 결론 지었다.

라헬은 언니 레아의 분노를 진정시키려고 노력했다. 뿐만 아니라 그녀는 얼마 동안(아마 수년 동안) 야곱의 무시를 받아온 레아에게 르우벤의 합환채 대가로 그날 밤 그녀의 남편으로서 야곱에 대한 권리를 양도할 것을 제안함으로써 자신의 출산을 촉진시키고자 노력했다. 레아는 그 약속에 동의하고 저녁에 야곱이 들에서 돌아오자 그에게 그 사실을 알렸다.

하나님은 사랑받지 못하는 레아의 상한 마음의 소리를 들으시고 야곱에게 두 아들을 더 출산하게 하셨다. 그녀는 마지막 출산 때에 "하나님이 내게 후한 선물을 주시도다. 내가 남편에게 여섯 아들을 낳았으니 이제는 그가 나와 함께 거하리라"고 선언한다(창 30:20). 결국 레아는 야곱의 애정이 자신에게 향할 것이라는 생각을 포기한 것으로 보인다. 그녀는 자그만치 여섯 아들을 야곱에게 낳아 주었기 때문에, 단지 야곱이 자신에게 영예를 부여해주기만 한다면 만족할 것이다.

짝사랑은 많은 사람들이 직면해야 하는 현실이다. 이 비통한 상황은 해를 거듭해서 확대되고 어떠한 만족으로도 해결되지 않는다. 레아가 자신의 고통 속에서 여호와를 바라는 믿음을 보인 것은 틀림없이 칭찬받아야 한다. 비록 그녀가 매우 인간적인 반응으로 동생에게 분노했다 할지라도, 그녀는 주님께 계속 부르짖고 하나님의 은혜로운 도움이 필요하다고 고백했다. 항상 적지 않은 수의 하나님의 백성이 짝사랑으로 괴로워한다.

8. 가족관계

> 라헬과 레아가 그에게 대답하여 가로되 우리가 우리 아버지 집에서
> 무슨 분깃이나 유업이나 있으리요 아버지가 우리를 팔고
> 우리의 돈을 다 먹었으니 아버지가 우리를 외인으로 여기는 것이 아닌가
> 하나님이 우리 아버지에게서 취하신 재물은 우리와 우리 자식의 것이니
> 이제 하나님이 당신에게 이르신 일을 다 준행하라(창 31:14-16).

    최고의 인간관계는 부모와 자식 사이의 결속이다. 아버지와 어머니가 자식을 낳음으로 형성된 자연스런 관계는 부모로서 청년기에 이르기까지 확장된 돌봄으로 강화된다.

    그러나 결혼과 더불어 무슨 일인가가 발생한다. 결혼에 의해 형성된 강한 결속에 대한 창세기의 서술은 명령으로서 뿐만 아니라 사실에 대한 진술로서 상당히 합법적으로 이해될지도 모른다. 남자는 그의 부친과 모친을 떠나(이 분리는 결혼과 더불어 발생한다) 그의 아내와 결합하여(이 연합도 결혼과 더불어 발생한다) 둘이 한 몸이 될 것이다(이 신비스러운 조화는 연합의 깊이를 설명한다). 사람들은 결혼 시에 발생하는 이 현실을 다양한 방법으로 부정하려 한다. 그럼에도 불구하고 그러한 현실들은 결혼에 의한 연합의 한 부분이다. 진정으로 부모를 존경해야 할 책임은 전 생애 동안 지속되는 것이다. 그러나 결혼에 새로운 우선순위가 주어진다. 이 우선순위를 저버린 노력들은 단지 부모 자식 관계의 결속뿐 아니라, 결혼을 통한 결속에도 혼란과 긴장을 가져올 뿐이다.

20년 동안 야곱은 라반의 집에서 살았다. 이 기간 동안 라반의 딸들은 야곱의 아내가 되었고, 그들의 자녀들은 라반의 손자들이 되었다. 그러나 그때는 야곱이 라반과의 관계를 중단하고 그의 집으로 돌아가지 않으면 안 된다는 것을 느낀 때였다. 그는 사업관계의 결과로 장인으로부터 많은 혹사를 당했다. 그는 자신의 새로운 길을 찾아 나서도록 요구됨을 느꼈다.

라반의 딸들은 무슨 일을 행할 것인가? 그들은 부모를 향한 충성에 대한 이 도전에 어떻게 반응할 것인가? 창세기 본문은 우선순위에 대한 그들의 판단력을 주목하는 데 의심의 여지가 없다.

> 라헬과 레아가 그에게 대답하여 가로되 우리가 우리 아버지 집에서 무슨 분깃이나 유업이나 있으리요 아버지가 우리를 팔고 우리의 돈을 다 먹었으니[20] 아버지가 우리를 외인으로 여기는 것이 아닌가 하나님이 우리 아버지에게서 취하신 재물은 우리와 우리 자식의 것이니 이제 하나님이 당신에게 이르신 일을 다 준행하라(창 31:14-16).

야곱의 아내들의 말에서 새 가족단위가 결혼에 의해서 만들어졌다는 사실을 분명히 한다. 가족관계에 대한 그들의 충성은 새 연합에 기초한다. 레아와 라헬은 배우자에게 확고한 위임을 선언한다.

야곱은 아내들의 찬성으로 강한 결심을 하고, 지체 없이 그의 장인의 집을 떠날 계획을 세웠다. 그는 자신이 떠나려는 의도를 라반이 알면, 그가 상황을 어렵게 만들 것이라고 확신했다. 꿈속에서 라반에게 주신 하나

---

20) 본문은 문자적으로 "그가 먹었다, 그가 우리들의 은을 먹었다"고 말한다. "돈을 먹었다"는 표현은 일반적으로 아프리카의 어떤 지역에서 사용된다. 그 구절은 완전히 서술적이다. 분명히 창세기 문맥의 의미는 라반이 그의 딸들이 가져야 할 지참금 혹은 유산을 탕진한 것이다.

님의 직접적인 경고가 없었더라면, 분명히 라반은 야곱이 예상했던 대로 정확히 반응했을 것이다(창 31:24).

라반은 도망가는 야곱 가족을 추적해서 그들이 갑자기 떠난 일을 꾸짖었다.[21] 야곱은 과거 이십 년 동안 견뎌온 혹사에 대해 언급하며 반박했다. 마침내 그 둘은 약조를 맺기에 이르렀다. 야곱은 다른 여인을 아내로 취하지 않을 것이고, 라반은 야곱을 해하기 위하여 경계선을 넘지 않을 것이다. 그 후 라반은 그의 손자와 딸들에게 입을 맞추고 그들을 축복하며 떠났다(창 31:55).

결혼으로 세워진 새 가족단위에 대한 책임은 이전의 모든 위임들을 대신한다. 이 사실은 결혼의 기본적인 결과로 알아야 한다. 진정으로 한 사람이 한 가족과 결혼하는 것이지, 단지 한 개인과 결혼하는 것이 아니라는 사실을 인식할 필요가 있다. 그럼에도 불구하고 부모들은 더 이상 어느 한 쪽 파트너의 삶에서 중요한 역할을 하지 않을 것이다. 새 가족관계는 이전의 관계들이 아무리 중요한 것이었다 할지라도, 그 관계들보다 더 큰 비중을 차지한다.

---

21) 라반의 기본적인 관심은 자신의 가신들의 행방에 있었다. 이 관심은 누지(Nuzi)라고 불리는 장소에서 행해진 최근의 고고학적 발견에 의해서 설명될 수 있다. 고대 누지 도시는 바벨론 북쪽 약 200마일 지점인 티그리스와 유브라데스 강 동쪽에 위치했다. 그 지역은 1925-31년에 발굴되었다. 그 도시는 주전 2000년에 번성했었다. 연대가 주전 15-14세기로 추정되는 수천 개의 쐐기 문자 서판들이 발견되었다. 이 본문들에 의하면, "가신들의 소유는 특별히 딸들을 포함하는 평인, 사위 혹은 입양된 아들의 경우에 주어진 재산을 위한 법적 권리를 의미한다"(Speiser, *Genesis*, 250). 후리족의 법에 의하면, "라반의 집에 있는 야곱의 상태는 평상적으로 스스로 노예와 동등하게 된 것이다. 그러나 그 위치는 만약 야곱이 그 주인의 딸과 결혼한 입양된 아들로 인식되었다면 변경될 수 있다. 가신(家神)의 소유는 그 차이를 잘 보여준다"(ibid.).

9. 이혼

> 아브라함이… (하갈로 하여금) 그 자식을 이끌고 가게 하매(창 21:14).

창세기에서 현대의 이혼과 동일한 것이 발견되지는 않는다. 그러나 아브라함과 하갈의 이별을 둘러싼 상황은 이혼을 동반하는 많은 어려움들을 설명해주는 역할을 한다.

족장이 사라의 시종 하갈을 아내로 취한 것은 아브라함의 아내 사라의 선동 때문이었다(창 16:1-4). 이 합의는 그 당시 메소포타미아의 관습과 꼭 들어맞는다.[22] 자녀를 출산하기 위한 목적으로 남편에게 여종을 제공함으로써, 사라는 아브라함으로 하여금 첩을 취하지 못하도록 했다. 그러나 그녀의 노력은 상속자 문제를 해결하기보다는 더 복합적인 문제를 만들었다. 사라는 이 어려운 상황에서 주님을 계속 신뢰하기보다 자신의 계획을 따름으로써 가정불화를 증대시키는 결과를 초래했다. 그 관습이 당시의 보편적인 문화였기 때문에 아브라함이 하갈을 취하는 것을 허락했다 할지라도, 하나님은 그것을 찬성하지 않았다. 이와 동일한 상황이 종종 오늘날 이혼 문제에서 광범위하게 나타난다. 인간의 관습은 그것을 허락하지만, 하나님은 매우 특수한 상황 이외에는 그것을 찬성하지 않으신다.

하갈을 그 가족에게서 분리시킨 것 또한 사라의 주도 하에 일어난 일이

---

22) Vawter, *On Genesis*, 214; Speiser, *Genesis*, 120f.

다. 사라는 자기 남편에 의해 임신한 시종의 거만함을 견디지 못했다. 성경 내러티브가 이 점에 대해 사라와 아브라함이 주고받은 이야기를 아주 간략하게 기록했다 할지라도, 그 대화(혹은 독백)는 진지하게 계속되었다는 사실을 짐작할 수 있다. 그 기간 동안에 사라가 아브라함과(혹은 아브라함에게) 나눈 이야기는 전혀 즐거운 것이 아니었다. 사라의 소견이 기록된 몇몇 발췌들(창 16:5)은 그녀가 주목하고 있는 점에 대한 이해를 충분히 제공한다.

"나의 받는 욕은 당신이 받아야 옳도다."
"내가 나의 여종을 당신의 품에 두었거늘… 그가 나를 멸시한다."
"당신과 나 사이에 여호와께서 판단하시기를 원하노라."

위에서 잘 언급된 것처럼, 질서가 잘 잡힌 가족들도 때로 말다툼에서 자유롭지 못하다.[23]

아브라함은 그가 해결할 수 없는 가정의 어려움이 있었다. 아마 그가 잠을 청하기 위해 몸을 뒤척일 때, 불만에 찬 그의 배우자에게 이렇게 중얼거렸을 것이다. "당신의 종이 당신의 수중에 있다… 당신이 좋게 생각하는 것이 무엇이든지 그녀에게 행하라"(창 16:6).

사라가 했던 최선의 생각은 어떻게 해서든지 그 방해꾼을 자신의 가정에서 몰아내는 데 필요한 일이라면 무슨 일이든지 하는 것이었다. 그러므로 하갈과 아브라함의 "이혼"은, 만일 그것을 그렇게 부를 수 있다면, 사라가 제안한 것이다. 그녀는 자신이 사랑하는 사람과 함께 살면서 임신한

---

23) Calvin, *Genesis*, 2:428.

경쟁자가 있다는 것을 견딜 수 없었다. 그래서 그녀는 하갈을 매우 불안하게 하여 그녀로 하여금 안전을 찾아 도망하게 만들었다.

현대사회에서 이혼의 형식적인 상황은 아주 다르다. 그러나 종종 역동성의 유사한 면이 작용된다. 결혼한 남자 혹은 여자가 제삼자와 관계를 발전시킨다. 그러한 관계에 있는 사람이 그 중요한 상황을 오래 지탱할 수 없다고 결론 내리는 것은 시간문제이다. 그리하여 이혼은 피할 수 없게 된다.

예수님의 교훈을 따르면, 결백한 한쪽 배우자는 결혼관계에서 제삼자가 부적절하게 개입했을 때, 이혼에 대해 하나님이 인가하신 권리를 소유한다(마 19:9)는 것을 인식해야 한다. 혼전 상담을 하는 사역자들이 만일 사람들이 배우자에게 배신 행위를 한다면, 결혼관계에서 모든 권리를 상실한다는 사실을 미래의 커플들에게 지적하는 것은 매우 적절하다. 결혼 약속에 충실한 사람들은 이혼을 통해 안도감을 찾도록 강요받지 않고 그 권리를 유지한다. 만약 이혼이 분명한 성경의 토대 위에서 마무리되었다면, 결혼 맹세에 충실했던 사람은 나중에 재혼할 자유가 있다.

그러나 잘못된 이혼은 복합적인 문제들을 만든다. 사라는 가련한 여인 하갈을 광야로 도망하도록 매우 심술궂게 취급했다. 하갈이 절망적인 상황에 있을 때 주님께서 나타나 그녀의 아들에 관한 확신을 주시고, 그녀에게 되돌아가 사라에게 순복하며 살도록 지시하셨다(창 16:7-10).

하갈이 여호와께서 지시하신 대로 되돌아왔으나 궁극적으로 그녀와 그녀의 아들은 영원히 떠나가 버렸다. 아브라함과 사라 사이에서 언약의 축복을 상속하도록 계획된 아이로 이삭이 태어났을 때, 고통스러운 경쟁이 일어났다. 이삭이 이유를 할 때였다. 그 당시엔 일반적이었던 높은 유아 사망률에도 아이가 살아남았다는 의미를 갖고 있는 것이기 때문에 젖떼기는 아마도 가장 기념되는 일이었을 것이다. 그때 하갈의 아들 이스마엘이 무방비 상태의 아이를 조롱하는 것이 발견되었다(창 21:9). 이 시점에서 사라는 더 이상 참을 수 없었다. 그녀는 아브라함에게 하갈과 그 아들을 멀리 보내자고 주장했다. 사라가 요청한 일을 행하는 것이 아브라함에게 큰 고통일지라도, 하나님은 그 추방에 동의하시고, 이 아들을 이삭과 마찬가지로 축복하기로 약속하셨다(창 21:8-13).

성경에 묘사된 어떤 상황들은 이혼이 바람직하지는 않지만 적절할 수도 있다(마 19:9; 고전 7:15). 그러나 이혼은 변함없이 긴장과 걱정을 만들어낸다. 결혼을 명령한 창조자는 부적절한 이혼을 즐거워하지 않으신다. 주님께서는 가장 분명한 용어로 말씀하셨다. "나는 이혼을 미워한다"(말 2:16)고 말이다.

이혼의 부적절성을 주목하시는 이 교훈을 수용하는 데 있어 이혼이 매우 일반적인 상황이 된 현대인들은 특별히 어려움을 느낄 것이다. 그러나 예수님은 부부간의 음행 외에 어떤 다른 이유로 배우자와 이혼하고 다른 사람과 결혼하면 간음한 것이라고 분명하게 가르치신다(마 19:9). 이혼 속에 포함될 수 있는 많은 죄들은 하나님 앞에서 취했던 맹세를 더럽히는 것과 자신의 배우자를 사랑스럽게 돌보아야 할 책임을 부정하는 것이다. 그러나 예수님은 부적절한 이혼 후의 재혼에 포함된 간음에 초점을 맞추신다. 그것은 한 커플을 결합시키신 하나님이 실제적인 이혼으로서 인간의 분리를 승인하지 않으신다는 이해에 기초하고 있는 것이다.

이 교훈은 제자들의 반응에서 볼 수 있듯이 예수님 시대에도 똑같이 어려운 문제였다. "만약 이것이 남편과 아내의 상황이라면, 결혼하지 않는 것이 보다 좋습니까?"(마 19:10). 그러나 예수님은 제자들이 당황하는 데도 자신의 주장을 양보하지 않으셨다. 그분은 정말 어떤 사람들은 끝내 결혼하지 않으리라는 것을 알고 계셨다. 그러나 결혼하는 사람들의 경우 하나님이 연합시킨 사람들을 그 어느 누구도 나뉘게 할 수 없다는 것을 인식해야만 한다. 남자나 여자 누구든지 간에 음행 외의 이유로 배우자와 이혼하고 다른 사람과 결혼하면 간음을 행한 것이다(마 19:9; 막 10:9-12).

하나님은 그분의 부요하신 은총 속에서 그들이 이혼했다는 사실에도 불구하고 사람들을 삶의 충만함으로 축복하신다. 그들은 아마 결혼생활의 파탄으로 인한 다소간의 결과를 떠안고 살아야 할지도 모른다. 그러나 하갈, 이스마엘과 아브라함에게 당신의 복을 주신 것과 마찬가지로, 하나님은 이혼한 사람과 그 후손의 삶에도 당신의 은총을 부어주실 수 있다.

10. 재혼

아브라함이 후처를 취하였으니 그 이름은 그두라라(창 25:1).

오랜 세월 동안의 행복한 결혼생활 후 죽음이 아브라함과 사라를 갈라 놓았다. 아브라함의 사랑하는 아내가 127세에 죽었다(창 23:1). 사라가 죽은 후 아브라함은 사랑하는 인생의 동반자를 상실하고 슬퍼하며 울었다.

아브라함은 175세까지 살았다(창 25:7). 사라가 아브라함보다 10년 젊기 때문에(창 17:17), 아마 아브라함은 사라가 죽은 후 40년을 더 살았을 것으로 추론할 수 있다. 그 기간은 아브라함의 성인 시절 삶의 사분의 일에 해당한다.

성경은 아브라함이 그두라라고 불리는 다른 아내를 얻어 여섯 명의 아들을 낳았다고 보고한다(창 25:1). 어떤 두 사람이 사실상 모든 면에서 상당히 다른 것처럼, 두 번째로 결혼한 사람은 그 다른 파트너와의 삶이 상당히 다를 것이라고 기대할지도 모른다. 옷치장하는 방법이 다를 것이고, 아침에 기상하고 저녁에 휴식하는 세워진 스케줄들이 다르듯이, 가정 질서와 관련된 기대들이 다를 것이다. 직업적, 여가적 관심이 변화되듯이, 사회적인 접촉이 시작되고 유지되는 방식이 변화될 것이다. 다른 조정들 가운데 성적 패턴에 변화가 있게 될 것이다. 분명히 이전의 관계에서 오랜 동안 형성된 전통들을 일련의 결혼 생활 속으로 도입하고자 시도하는 것은 큰 실수가 될 것이다. 특별히 이 영역에서 서로가 가진 독특함에 대한 민감성은 대개 비판적이다. 배우자의 독특성에 대한 적절한 배려를 통해 두 파트너는 부부간의 사랑에 의해 만들어진 연합에 자신들의 힘을 충분히 발휘될 수 있다.

사라의 죽음이 23장에 기록되고 아브라함의 재혼은 25장에 기록되어 있으므로, 아브라함이 사라가 죽은 후 그두라와 결혼했다고 추정하는 것은 자연스럽다. 그러나 이 가정은 실제로 증명될 수 없다. 종종 사람들은 아브라함이 많은 첩을 두었다고 성경이 지적하는 것을 간과한다(창 25:6). 그리고 그두라는 아마 족장의 파트너들 중에 하나였을지도 모른다.[24] 다른 한편으로 아브라함은 사라가 죽은 후 이삭이 결혼함과 동시에 자신의 집에 전적으로 혼자 남겨졌다고 보는 것이 좋다. 결과적으로 그는 재혼의 강력한 동기를 가지고 있었을 것이다.

어떤 경우, 어떤 환경 아래서 재혼은 합법적이고 모든 면에서 온전하고 적절하며 하나님의 축복이 될 수도 있다. 배우자가 사망한 경우에, 혹은 배우자가 간음죄를 지었거나 고의적으로 도망했다면, 재혼은 한 사람을 위한 하나님의 선하신 뜻일 수도 있다(롬 7:2-3; 마 19:9; 고전 7:15). 그런 재혼은 결코 요구된 적이 없지만, 한 사람의 삶을 위한 하나님 계획의 부분일 수도 있을 것이다. 그처럼 재혼은 놀랍게도 그에게 복이 될 수도 있는 것이다.

---

24) Calvin, *Genesis*, 1:33은 사라가 죽기 전 어느 시점에 아브라함이 그두라와 결혼했다는 입장을 취한다. Keil and Delitzsch, *Biblical Commentary*, 1:261ff은 그 문제에 대해서 모호하다. 그두라는 아브라함의 "아내"(창 25:1)로 불려졌지만, 그녀는 또한 그의 "첩"으로 나타난다(창 25:5-6을 암시하는 대상 1:32).

제3장

성과 후손들

■ ■ ■ ■ ■

1. 언약의 후손
2. 불임
3. 편부모
4. 제3세대

성의 시작

1. 언약의 후손

> 내가 내 언약을 나와 너와 네 대대 후손의 사이에 세워서
> 영원한 언약을 삼고 너와 네 후손의 하나님이 되리라(창 17:7).

매우 영광스런 하나님의 창조행위 중 하나는 가족의 설립이다. 가족을 위한 이 같은 영광스러운 의도는 하나님의 구속 목적에서 발견된다. 하나님께서 인류를 위해 의도하신 질서의 붕괴가 인간 성의 남용, 즉 중혼, 간통, 동성애 그리고 이혼에서 나타났음에도 불구하고, 구속의 하나님은 자신의 언약제도를 통해 가족의 결속을 재설립하셨다. 이 사실은 성경에 나타나는 "언약"이라는 용어의 첫 용법에서 분명해지고, 성경에 계시된 대로 신적 언약의 점진적인 진행을 통해서 계속된다.

주님은 인류 가운데 악이 증가하는 것을 보시고 땅을 정결케 하는 심판으로서 홍수를 일으키기로 결정하셨다(창 6:17). 하지만 하나님은 노아와 약속을 세우셨다.

> 그러나 너와는 내가 내 언약을 세우리니 너는 네 아들들과 네 아내와 네 자부들과 함께 그 방주로 들어가고(창 6:18).

하나님은 성경에서 이렇게 "언약"이라는 용어를 처음 사용함으로써, 자신이 단순히 개인이 아니라 가족을 언약적으로 다루신다는 것을 분명

히 하셨다. 그분의 약속은 인류가 죄로 타락하여 더럽혀진 가족 단위의 축복을 회복하는 것이다. 당연히 받을 수밖에 없는 홍수의 심판에서 단지 노아만이 구원받게 되는 것이 아니다. 그의 아들과 아내 그리고 자부들이 노아와 함께 구원의 방주 안으로 들어갈 것이다. 하나님의 장엄한 언약은 노아 가족을 위한 구원의 확실성을 보증한다.

가족을 언약적으로 다루시는 주님의 의도는 방주 안으로 들어갈 시간이 도래한 결정적인 순간에 재강조된다. 주님은 노아에게 다음과 같이 말씀하신다.

> 너와 네 온 집은 방주로 들어가라 네가 이 세대에 내 앞에서 의로움을 내가 보았음이니라(창 7:1).

현대 영어에서 대명사 "너"(you)의 모호성은 성경 본문의 본래 의도를 흐릿하게 한다. 이 구절에서 "너"는 단수이지 복수가 아니다. 그 의도는 가족 단위의 대표인 노아의 의로움이 발견되었기 때문에, 노아 가족 전체가 하나님의 분노의 표출에서 구원 받았음을 가리키는 것이다. 그러나 노아의 신앙이 가족 구성원들의 신앙을 대신한 것은 아니다. 노아가 하나님의 눈에서 은총을 발견했기 때문에 전 가족이 하나님의 축복이라는 혜택을 입게 된 것이다.

하나님의 언약이 시대를 뛰어넘어 선포될 때, 이 동일한 원리는 계속되는 하나님의 언약에 속한 각각 그리고 모두에게 존속된다. 아브라함은 하나님께서 그와 그의 대대 후손과 더불어 영원한 언약을 세우실 것이라는 말씀을 들었다(창 17:7). 족장 그리고 그의 가족과 맺은 이 언약적 연합은 단지 어떤 세속적 약속, 임시적인 복으로 간주될 수 없다. 대신에 세대를 뛰어넘는 그 약속은 이 하나님이 아브라함과 그의 후손 대대로 하나님이 되시리라는 것이다(창 17:8).

유사한 방식으로, 신명기 언약 문서는 언약 속에 있는 신적 약속이 세대들을 뛰어넘어 영향을 미친다는 사실을 분명히 언급함으로써 시작하고 마감한다. 결과적으로 시내(호렙)산에서 하나님은 광야에서 타락한 그 세대하고만 언약을 맺으신 것이 아니다. 광야에서 방황하는 40년 동안에 태어난 그 자손들 또한 시내산에서 맺은 언약적인 연합에 포함된다. 그들이 아직 존재하지 않았을 때도 말이다(신 5:2-3). 모세는 모압 평지에서 언약을 갱신할 때, 하나님과 약속 관계에 있는 새 세대를 보증하면서, "너희 두령과 너희 지파와 너희 장로들과 너희 유사와 이스라엘 모든 남자와 너희 유아들과 너희 아내와 및 네 진중에 있는 객"이 포함되어 있는 공동체 전체가 이 엄숙한 행사를 위하여 회집되었음을 선언한다(신 29:10-11). 이 언약 갱신의 회합에서 떨어져나갈 공동체의 구성원은 아무도 없다. 이미 모세는 다음과 같이 선포한다.

> 내가 이 언약과 맹세를 너희에게만 세우는 것이 아니라 오늘날 우리 하나님 여호와 앞에서 우리와 함께 여기 선 자와 오늘날 우리와 함께 여기 있지 아니한 자에게까지니(신 29:14-15).

그러나 누가 그 언약의 회합에서 떨어져나갈 것인가? 누가 나타나지 않았는가? 언약적 회합에 나타나지 않는 사람을 언급함으로써 모세는 언약 유대관계 속에 아직 태어나지 않은 미래의 세대들을 포함시킨다. 가족 구성원들은 여전히 언약 공동체에 속하여 태어나게 된다.

성경과 역사적 경험은 가족과 맺은 이 언약적 유대관계가 자동적으로

각 개인의 구원을 보증하지는 않는다는 것을 나타낸다. 불신앙의 구성원들은 자신들이 언약을 파기하였으므로 언약의 축복들에서 제외될 것이다. 여전히 가족 구성원을 포함하는 그 언약의 목적은 매우 분명하다.

이 점과 관련하여 언약 자손으로서 성장하는 특권을 가진 사람들에게 특별한 말이 선포되었다. "너는 그 사슬을 끊지 말라!"

만약 당신이 언약과 연관된 삶의 특권으로부터 떠난다면, 그 결과는 언약의 축복들이 당신의 가족 가운데 당신을 잇는 3, 4세대의 자손들에게서 취소될 것이다(출 20:5).

노아, 아브라함 그리고 모세와 맺은 언약 속에 있는 세대들에게 미치는 축복의 흐름과 유사하게, 다윗과 맺으신 하나님의 언약 또한 그의 아들들을 포함하는 세대들을 넘어 뻗어 나간다. 다윗의 집과 그 왕국은 언약 속에 있는 하나님의 약속 때문에 영원히 지속될 것이다(삼하 7:16). 다시 한 번, 이전의 언약 책임자들에게서 발견되는 유형을 따라 하나님은 새 언약의 은혜로운 규정 속에 있는 유다의 "집" 그리고 이스라엘의 "집"과 더불어 언약을 맺으신다(렘 31:31). 그러므로 자녀들과 권속들이 하나님의 불변하는 은혜의 언약으로 결속되어 있다는 규칙적 지표들을 발견하는 것은 놀라운 일이 아니다(행 2:39; 10:2; 16:14-15, 31-33; 고전 1:16).

신자의 가족 단위로 맺은 이 언약의 연합은 모든 그리스도인의 결혼에 중요한 요소가 되어야 한다. 하나님이 하신 놀라운 은혜의 선언 중 하나는 단순히 개인이 아닌 전(全) 가족 단위를 위한 구속행위이다. 만일 하나님과 언약관계에 있는 결혼한 신자들이 그들의 자녀들이 언약 밖에 머물게 됨으로써 소외되기 바란다면, 그것은 정말 슬픈 상황이 될 것이다. 스스로 분쟁하여 분리된 가족은 설 수 없는 법이다(마 12:25).

종종 현 시대의 결혼한 부부들은 "우리가 왜 자녀를 낳아야 하는가?"

라고 진지하게 묻는다. 만약 세상에 이미 아이들이 충분하다면, 왜 결혼한 배우자가 또 한 명을 낳음으로 자신의 경력을 쌓는 데 방해를 받아야만 하는가?

가족계획은 아마도 원죄의 결과로 주어진 산고(産苦)의 저주로부터 여성을 해방시키는 적절한 방법으로 긍정될 것이다. 남자가 "그의 이마의 땀에 의한" 수고에서 자신을 해방시키기 위해 할 수 있는 일을 하는 것처럼, 여자도 아마 출산 시의 심한 고통과 슬픔에서 해방될지도 모른다. 동시에 아이들의 출생 수를 억제하는 것은 인류가 번성하여 충만하라는 창조명령을 성취하기 위해 책임 있게 균형을 이루어야만 한다. 부부들은 자녀 출산의 특권을 즐거워해야 한다. 그것은 그들의 창조자가 그의 모양과 형상으로 독특하게 만든 피조물의 번성을 위해 이 방법을 명하셨기 때문이다.

하나님의 구속 언약의 약속은 다가오는 세대들이 자녀를 가져야 할 이유에 대한 추가적인 대답을 제공한다. 그리스도인 부부는 모든 불편과 염려에도 불구하고 자녀를 낳아야만 한다. 하나님의 구속 언약의 완전한 국면은 하나님의 약속이 세대들을 넘어 확장됨을 가리키기 때문에 그들은 자녀를 낳아야만 한다. 그 시대를 향한 하나님의 계획은 오직 자녀들의 자녀들에게 확장된 하나님의 은혜를 보는 즐거움을 경험함으로써 다가오는 특별한 복들을 포함하고 있다.

2. 불임

> 사래는 잉태하지 못하므로 자식이 없었더라(창 11:30).

창세기는 다가오는 세대들을 위해 매우 독특한 방법으로 고안된 책이다. 창세기에는 "이것들은 …의 세대들이다"라는 문장이 열 번 이상 나타난다. 창세기 10장과 11장은 인류의 세대 문제를 광범위하게 다룬다. 첫째, 창세기 10장은 홍수 이후 노아 아들들의 후손으로서 땅에 거주한 모든 다양한 사람들의 공동체에 대한 기록이다. 창세기 11장은 하나님의 구원의 복을 온 인류에게 전달할 한 개인, 하나님의 선택된 자로서 아브라함에 이르는 셈의 계열을 추적한다. 두 족보의 순서는 계획된 구원의 계열(창 11장)을 추적하기 전에, 먼저 인류(창 10장) 전체에 대한 하나님의 관심을 보여 주려는 의도를 나타내는 것 같다.

주어진 문맥에서 두 번째 족보의 마지막에 아브라함의 아내에 관한 선언을 불쑥 끼워넣은 것은 놀랍다. "사래는 잉태하지 못하므로 자식이 없었더라"(창 11:30). 족보에 몰입한 두 개의 장 후에 불임의 여인으로 절정에 이른다.

아브라함과 아내 사라는 불임 때문에 결혼생활에서 큰 긴장을 경험했다. 하나님은 아브라함을 통하여 땅의 모든 민족들이 복을 받게 될 것이라고 약속하셨다. 그러나 여전히 사라에게는 그 복을 전달할 자녀가 없었다. 아브라함의 후손은 하늘의 무수한 별처럼 많아지도록 되어 있다. 그러나 아직 사라는 한 번도 임신한 적이 없이 인생의 황혼기로 접어들고 있었다. 아브라함의 자손은 모든 가나안 땅을 소유하도록 되어 있다. 그러나 여전히 사라는 유일한 상속자를 아브라함에게 줄 능력이 없었다. 오랫동안 지속된 이 불임의 모든 경험은 아브라함과 사라의 믿음에 대한 크나큰 시험이었다.

하나님의 첫 약속이 족장에게 주어진 지 십 년이 되었다. 100개월 이상 달을 거듭해서 그 부부는 사라의 임신을 간절히 바랐다. 그러나 창세기에서 사라가 처음 언급될 때 묘사된 것처럼 사라의 불임은 계속되었다(창 16:1; 참조, 11:30). 이 복잡한 상황 속에서 사라는 여호와 하나님의 역할을 충분히 이해하고 있음을 보여준다. 그녀는 "여호와께서 나의 생산을 허락지 아니하셨다"고 말한다(창 16:2). 그녀는 비록 자신의 상황이 절망적이긴 하지만, 그것이 여호와 하나님의 주권적인 약속으로부터 발생한 것이라는 사실을 이해한다.

만약 그 내러티브가 거기서 멈추었다면, 그것은 사라의 믿음에 대한 놀라운 증언이었을 것이다. 그녀의 고백에 의하면, 그녀는 여호와께서 그녀의 임신을 허락지 않으셨다는 것을 인식하고 있다. 이런 관점에서 하나님의 주권을 인정하는 사라의 믿음은 오늘날 자녀가 없는 사람들이 따라야 할 모범으로서의 역할을 한다. 설령 그들이 자녀를 매우 갈망한다 할지라도, 결혼하지 않아서 자녀가 없든, 결혼 후 많은 시간이 흘렀는데도 자녀가 없든지 간에 믿음의 반응은 동일해야 한다. 주권자이신 여호와 하나님은 지혜자로서 신뢰되어야 하고, 항상 그의 자녀에 최선의 관심을 가지시는 사랑하는 하늘의 아버지로서 신뢰되어야만 한다.

그러나 사라는 남편에게 후손을 낳아 주지 못하는 절망을 그 당시의 보편적 관습에 의지한다. 그녀는 아브라함이 이 문제를 스스로 해결하기를 제안한다. 아브라함은 자손을 얻기 위하여 사라의 애굽 여종 하갈을 첩으로 받아들여야만 했던 것이다.

아브라함은 아내의 제안에 굴복했다. 비록 가장 흔하게도 한 남자에게 있어 아내가 가장 신뢰할 수 있는 최고의 친구 역할을 한다 할지라도, 이 경우에 사라는 아브라함이 죄를 짓도록 사단의 도구 역할을 했다. 이 시점에서 성경의 언어는 에덴동산에서의 아담의 실수에 대한 서술과 매우 밀접한 평행을 이룬다. 한편으로 하나님은 아담에게 이렇게 말씀하셨다. "너는 네 아내의 목소리에 귀를 기울였다"(창 3:17, NASB). 다른 한편으로 성경 해설자는 "아브라함은 사라의 목소리를 들었다"고 보고한다(창 16:2). 그 각각의 경우에 아내는 유혹자의 도구가 되었고, 남편은 그 제안에 넘어갔다.

이러한 전개 속에서 사라의 계속되는 개입은 그 이야기의 분명한 어법 속에 나타난다. "그래서… 사라가 취하여… 하갈을… 그 남편에게"(창 16:3). 배우자의 정상적인 소유와 상반되게, 사라는 남편 아브라함이 혼외 정사 관계를 갖도록 주도한다. 그 시험의 여정은 마침내 그녀를 이겼다. 사라의 제안은 적어도 아브라함이 후손을 얻는 것에 관한 한 효과가 있었다. 하지만 사라는 거의 즉시 자기 스스로 만든 그 상황 때문에 분개하게 되었다.

성경 내러티브와 고대 근동의 평행되는 이야기들은 아브라함과 사라의 행동을 이해하는 데 도움을 줄 것이다.[1] 그들의 생각에는, 그들이 그저

---

1) 함무라비 법전은 그 상황에 대한 약간의 이해를 제공한다. 함무라비는 첫 바벨론 왕조의 6대 왕이었다. 그의 연대는 다양하지만, 대부분 주전 18세기에 속하는 것으로 본다. 그것은 후기 족장시대와 대략 일치한다. 함무라비의 법 코드는 검은 색 돌

당시의 관습적 행동을 따랐을 뿐이라고 생각했을지도 모른다. 그러나 이 설명은 믿음에 있어서의 그들의 결점에 대해 변명해 주지 않는다. 어떤 경우에, 고대 문서와 평행을 이루는 이야기들은 불임 문제에 대하여 시공간적으로 우주적인 인물을 강조한다.

사라의 불임에 대한 진정한 해결은 궁극적으로 여호와 하나님에 의해 제공된다. 하나님의 기적적인 개입의 결과로 사라는 임신하여 아들을 낳게 될 것이다. 이 모든 시험의 기간을 통하여 하나님은 인류를 구원할 씨는 초자연적으로 주어져야만 한다는 것을 확고히 하고 계셨던 것이다. 사

에 새겨져 약 8피트 정도의 높이로 세워졌다. 방대한 저작물이 두 기둥의 측면에서 발견되었고, 그것은 바벨론에 있는 마르둑 신전에 있다. 그것은 연대적으로 가장 오래된 바벨론 비문이다. 본래 그 문서들은 약 4,000행으로 되어 있고, 아직도 2,614행이 존재한다. 그 중심주의 꼭대기에 왕의 형상이 있는데, 그것은 그가 태양신 샤메쉬로부터 그 법을 받았음을 상징한다. 본래 282개의 법중에 약 240개가 아직 남아 있다.

함무라비 법전 제145단락에 의하면 제사장들은 결혼의 자유를 갖고 있었으나, 아이를 출산하지 못하면 남편에게 여종을 주었다. 그럼으로써 그는 아들을 가질 수 있었다. 그러나 만일 그 여종이 스스로 동등한 위치를 갖고자 권리를 남용하려 할 때, 그 아내는 그녀를 이전의 종의 자리로 강등시킬 수 있는 힘을 가진다(Bruce Vawter, *On Genesis: A New Reading* 〈Garden City, N. Y.: Doubleday, 1977〉, 120). 창세기 내러티브와 그것이 평행을 이루는 것은 아주 분명하다. 사라는 자녀를 가질 수 없었기 때문에 남편에게 여종을 제공했다. 그러나 그 첩은 자신이 거만한 행동을 했을 때 분명히 스스로 문제를 만들었다.

그러나 창세기 내러티브와의 차이 또한 틀림없이 주목된다. 함무라비 법전의 규정은 분명히 제사장들에게만 그 적용이 제한되었다. 이 엄격성은 아브라함과 사라의 상황에 적합하지 않다. 함무라비 법전과 그 평행들이 밝혀준다 할지라도, 창세기 내러티브에 발견된 충분한 모습을 보여주지는 못한다.

누지 토판 또한 창세기 내러티브와 약간의 도움이 되는 평행들이 있다. 어떤 경우에, 어떤 쉔니마(Shennima)는 그의 아내로 길림니누(Gilimninu)를 취했다. 만약

라는 천사적 존재인 여호와의 사자들의 선언에 대해 의심을 억누를 수 없어 속으로 비웃었다(창 18:12). 여호와 하나님은 사라의 회의적인 반응을 모두 간파하고 계셨다. 그래서 하나님은 불가능을 가능케 하시는 분으로서 그분의 무한한 능력을 확언하셨다. "여호와께 능치 못한 일이 있겠느냐"(창 18:14)고 그분은 물으시는 것이다.

진정으로 사라의 불임은 특별한 경우였다. 그러나 궁극적으로 다가올 구원자에게로 이끄는 그 계열에 서도록 하나님에 의해 지정된 다른 많은 여성들이 유사한 경험을 지녔다. 이삭의 아내 리브가와 야곱의 아내 라헬은 불임의 무거운 짐 때문에 많은 시간을 씨름했다(창 25:21; 29:31; 30:22). 하나님은 이 불임 여성들의 경험을 통해서 그 구원의 후손이 초자연적인 방법으로 주어진다는 점을 납득시키고 계셨다.[2] 오직 하나님의 개입만이 인류의 구원자를 출생시킬 수 있다.

길림니누가 자녀를 임신했다면, 쉔니마는 다른 여인과 결혼하지 않는다. 그러나 만약 길림니누가 불임이라면, 그녀는 남편에게 여종을 제공할 것이다. 만약 이 동침 결과 후손이 태어나면, 본처는 그 자녀를 충분히 다스리게 될 것이다(E. A Speiser, *Genesis: Introduction, Translation, and Notes*〈Garden City, N.Y.: Doubleday, 1964〉, 120-21). 유사한 절차들이 오늘날 여전히 많은 문화들 속에서 나타난다. 만약 아내가 아이를 낳을 수 없다면, 그녀는 남편에게 결혼하지 않은 여자를 데려올 것이다. 만약 아이가 태어나면 그것은 본처의 소유가 된다.

사라가 아브라함에게서 아들을 낳은 시종 하갈을 거칠게 다룬 것 또한 그 당시 사회 관습에 의해 설명될 수 있다. 누지 토판의 법들에 의하면, 본처는 여종이 남편의 아내가 되었을 때 떠나게 할 수 없다. 이와 유사하게 성경 내러티브 속에서 사라는 그녀를 떠나게 하지 않았다. 대신에 그녀는 그녀를 학대함으로써 그녀의 삶을 매우 불쌍하게 만들어 하갈로 하여금 도망가게 했다.

2) Geerhardus Vos, *Biblical Theology*(Edinburgh: Banner of Truth Trust, 1975), 81.

많은 그리스도인 부부들이 오늘날 어려운 불임 문제에 직면해야만 한다. 자녀가 없음으로 인해 하나님의 복을 놓친다는 생각은 큰 고통을 야기시킬 수 있다. 그러나 남편과 아내들은 자신들의 이익과 그분의 영광을 위해 모든 것을 결정하시는 하나님의 선하신 섭리에 자기자신을 양도해야 한다.

어떤 경우, 하나님은 결혼하여 자녀를 갖기 간절히 원하는 사람에게 배우자를 주시는 것을 적합하게 여기지 않으시기도 한다. 많은 독신자들이 자신의 상황을 수용하는 데 어려움을 느낀다.

원치 않는 불임에 대한 적절한 반응은 하나님의 선하신 목적을 굳게 신뢰하는 것이다. 하나님은 결코 실수하지 않으신다. 그분은 사랑하는 하늘의 아버지로서, 자기 백성들에게 그 방법과 이유들이 항상 분명하지만은 않은 가운데서도 그의 선하신 뜻을 시행하신다. 어떤 경우에 자녀 입양은 그들을 위한 하나님의 선하신 의도가 될 수 있다. 특별히 오늘날 아프리카에서 에이즈 전염병은 문자 그대로 이 땅에 부모 없는 수백만의 아이들을 남겨 놓았다. 늙고 가난한 조부모들은 손자들을 기르는 일에 관하여 그들이 감당할 수 없는 책임을 지게 되었다. 가능한 하나의 해결책은 자녀가 없는 그리스도인 부부들이 고아들을 광범위하게 입양하는 일일 것이다.

다른 경우에, 나이 많은 그리스도인들이 젊은이들을 "영적"으로 입양하여 후원하는 것 또한 불임 부부들에게 의미 있는 해결을 제공할 것이다. 자녀가 없는 노인 그리스도인 부부는 믿지 않는 부모들을 가진 젊은 그리스도인들을 위해 기도하고 상담하며 격려하는 일에 잘 준비되어 있을 수 있다.

물론 전능하신 하나님은 언제든지 당신의 뜻대로 개입하시는 권능이 있음을 잊어서는 안 된다. 자녀의 개념은 유일하게 여호와 하나님의 약속으로서 온다. 그분께 너무 어려운 일은 아무것도 없다(창 18:14; 눅 1:37). 오직 하나님만이 여성으로 하여금 아이를 임신하게 하실 수 있다는 사실을 기억하는 일은 실질적으로 자기 삶의 모든 것을 조정하는 데 익숙해져 있는 사람들에게 유익한 것이 된다. 이 사실만이 임신에 관계된 두려움이 발생할 때 사람으로 하여금 홀로 설 수 있게 만들 것이다. 또한 불임의 고통으로 여러 해 동안 싸워야만 하는 그런 신자들에게 무궁한 희망을 줄 것이다.

3. 편부모

■ ■ ■ ■ ■

> 하나님이 그 아이의 소리를 들으시므로 하나님의 사자가
> 하늘에서부터 하갈을 불러 가라사대 하갈아 무슨 일이냐 두려워 말라
> 하나님이 거기 있는 아이의 소리를 들으셨나니 (창 21:17).

자녀 양육은 양(兩) 부모에게 상당히 어려운 일이다. 인간의 개성과 욕구가 매우 다양하기 때문에 아버지와 어머니의 연합된 자원은 자녀를 사랑하고 교육하며 지도하는 데 남김없이 발휘될 수 있다. 유년기, 소년기, 청소년기는 각각 양 부모의 연합된 지혜를 요구한다.

그러나 타락한 인류의 매우 어려운 상황 중 하나는 자녀 양육의 전적 책임이 편부모에게 주어질 때 발생한다. 흔히 자녀를 교육하고 조언하며 필요를 채워주는 일 전부가 아버지 혼자 혹은 어머니 혼자에게 지워진다. 이미 무거운 짐을 진 개인이 이중의 짐을 지도록 요구받는 것이다.

이 짐은 이스마엘의 모친 하갈이 아브라함과 사라의 집에서 추방된 결과로 떠맡아야만 했던 것이다. 그녀의 곤경은 그녀가 임신했을 때 사라의 학대를 피하기 위해 광야로 도망침으로써 처음 극적으로 표현된다(창 16:7-8). 그러나 그녀가 고통 받는 시간에 여호와의 사자가 나타났다. 여호와의 사자는 그녀의 후손이 무수히 많아질 것이라는 메시지로 그녀를 위로하고, 사라에게로 돌아가 복종하라고 지시했다(창 16:9-10). 그녀의 아들은 이스마엘이라 불렸는데, 그것은 "하나님께서 들으셨다"는 의미이

다. 여호와께서 그녀의 비참한 곤경에 응답하셨기 때문에 그런 이름이 붙여진 것이다(창 16:11). 그러나 동시에 그녀는 자신의 아들이 그의 형제들을 향해 적개심에 휩싸여 사는 들나귀처럼 될 것이기 때문에, 힘난한 길을 걷게 되리라는 사실을 예고 받았다. 이스마엘은 "들사람"이 될 것이다(창 16:12). 그것은 종종 편부모 슬하에서 자라는 자녀의 경우를 증거하는 것이다.

가장 가까운 친족과의 이 골치 아픈 관계는 이스마엘이 교육 받지 못한 십대 생활 그 자체로 분명해진다. 이미 과잉보호적인 사라는 이스마엘이 그의 이복형제 이삭을 학대하는 것을 보았다. 그 족장의 가정은 그런 갈등을 지속할 수 없었다. 결과적으로 하갈은 그 가족에게서 다시 한번 밀려나왔고, 계속 편부모 역할을 하게 되었다. 아브라함은 하갈과 아들에게 음식과 물을 제공하고 그들을 자신에게서 떠나 보냈다. 이 고통의 순간에 하드러낸다. 그녀는 가족이 살 집이 없고, 음식과 물이 없으며, 그 무거운 책임을 함께 나눌 수 있는 동반자인 남편이 없다. 그녀는 절망 속에서, 떨기나무 아래 누워 우는 아이를 따라 슬피 울며 전적으로 자식이 죽기를 기다려야 했다.

다시 한번 편부모는 하갈의 경험으로부터 용기를 얻을 수 있다. 하나님은 이 절망 상황에서 그녀에게 말씀하시고 가까운 곳에 있는 우물을 보여주셨다. 하갈과 이스마엘은 회복되어 여행을 지속할 수 있는 힘을 얻게 되었다(창 21:9-19). 하갈의 진정한 필요가 충족되었다. 그것은 특별한 이적에 의해서가 아니라, 분명한 하나님의 개입에 의해 이루어진 일이었다.

하나님은 편부모 하갈에게 계속해서 은총을 주셨다. 성경은 이스마엘이 장성할 때 여호와께서 "그 아이와 함께 계셨다"고 분명히 진술한다(창

21:20). 그는 광야에서 "활 쏘는 자"로 살았다. 마침내 하갈은 이스마엘을 위하여 애굽에서 아내를 얻었고, 이스마엘은 열두 아들의 아버지로서 큰 민족을 이룬 종족의 우두머리가 되었다(창 21:21; 25:12-18).

옛 언약의 구속역사적 배경에서 이스마엘은 약속의 아들 이삭을 대항하는 위치에 놓인다(갈 4:21-31). 그러나 결과적으로 이스마엘의 후손이 하나님의 구속사역에서 모두 배제되어야 한다고 결론 지어져서는 안 된다. 사람이 하나님의 자녀가 되게 하는 것은 혈통이 아니라 믿음이기 때문이다. 이삭의 자손도 예수 그리스도를 믿는 믿음에서 떨어져 나가면 소망 없는 자들이 되고, 이스마엘 자손이 예수 그리스도를 믿는다면 충분히 믿음의 가족 구성원이 될 수 있다. 이스마엘을 위한 하나님의 돌봄은 창세기 내러티브에서 분명하게 드러난다. 이스마엘의 열두 아들로부터 형성된 종족들 가운데서 많은 수가 예수 그리스도를 주로 고백하게 될 것으로 추정할 수 있다(창 16:10-11; 21:17, 20; 계 5:9; 7:9). 편부모의 삶이 매우 어렵다는 것을 하갈의 경험을 통해 배울 수 있을 것이다. 그러나 모든 은혜의 하나님은 약속에 의해 구속의 축복에서 제외되지 않는다.

유다의 자녀를 낳은 다말 또한 편부모로서 자신의 길을 가야 했다. 유다는 셋째 아들 셀라가 다말의 남편이 되게 하겠다고 약속한 자신의 말에 충실하지 않았다. 셀라는 자손을 낳아 다말의 전 남편으로서 그 악함 때문에 죽임을 당한(창 38:6-11) 형들의 이름으로 계대를 이어야 할 자였다. 그래서 다말은 법률에 의하지 않고 제멋대로 제재를 가했다. 유다의 아내가 죽은 후 그녀는 자신을 창녀로 가장하고 유다와 관계를 맺어 아이를 임신했다.

다말이 낳은 아이가 자신의 후계자임을 인식했는데도 유다는 다말을 아내로 삼지 않았다(창 38:26). 아마도 유다는 전에 자기의 두 아들의 아내였던 이 여인과 함께 사는 것을 쉽게 생각할 수 없었을 것이다. 아마도 그녀가 실제로 막 성장한 셋째 아들의 아내가 되었어야만 한다는 생각이 유다의 마음에 장애물로 작용했을 것이다. 어쩌면 그 당시의 법 혹은 관습상 아버지가 아들의 아내와 결혼하는 것이 금지되었을지도 모른다.[3] 존 칼빈(John Calvin)은 유다가 그의 며느리와 동거하기를 다시 거절함으로써 회개의 진정한 면모를 분명히 했다고 결론 짓는다. 그는 유다가 이 점에 관해 억제한 것은 다음과 같은 사실을 확고히 한 것이라고 주장한다.

> 자연인이기에 그런 범죄와 같은 매우 혐오스러운 일에 전염되었다. 시아버지가 며느리와 관계 맺는 것이 수치스러운 일이라고 그가 자연스럽게 판단하지 않았다면, 그가 다말과 성적 관계를 갖는 일을 그만두는 일이 어째서 발행했겠는가? 누구든지 기본적인 것과 명예로운 것 사이에서 자연이 명령하는 구별을 파괴하려는 사람은 거인들처럼 하나님과의 공개적인 전쟁에 참여하는 것이다.[4]

---

3) Gerhard von Rad, *Genesis: A Commentary*(Philadelphia: Westminster, 1976), 361은 분명히 유다가 다말을 자신의 며느리로 주목했고, 그 내러티브는 "마침내 다말이 누구의 아내가 되었는지 말하지 않고" 끝난다는 것을 주목하면서 결론 짓는다. 그는 그녀가 유다의 셋째 아들 셀라의 아내가 되었는지 안 되었는지에 대해서 의문을 가진다. 그러나 그 후 그는 본문이 간단히 대답하지 않는다는 점을 주목한다. Claus Westermann, *Genesis 1-11*(London: SPCK, 1984), 55는 "계 대상의 책임을 성취하지 않는 관계는 근친상간으로 주목될 수 있다"고 의견을 제시한다.

4) John Calvin, *Commentaries on the First Book of Moses Called Genesis* (Grand Rapids: Eerdmans, n.d.), 2:288f.

유다가 다말을 아내로 취하지 않은 이유가 무엇이든지 간에, 그것은 다말이 편부모로서 자녀를 양육해야만 하는 실질적 결과를 가져다 준다. 이 중부담이면서 축복인 것은 해산 시 그녀가 쌍둥이를 출산했다는 사실이다. 그녀는 아마 유다의 집에 살면서 그의 종들로부터 도움 받았을 것이다. 그러나 유다가 그녀를 아내로 주장하려 하지 않았기 때문에, 다말은 편부모로서의 삶을 살아야만 했다.

쌍둥이 아들을 양육하는 다말의 삶은 틀림없이 매우 분주했을 것이다. 편부모로서의 그녀의 역할에 대한 마지막 결과는 분명히 부정적인 요소들보다는 긍정적인 요소를 강조한다. 많은 세대가 지난 후, 보아스가 모압 여인 룻과 결혼하면서 분명한 축복이 선언된다.

> 여호와께서 이 소년 여자로 네게 후사를 주사 네 집으로 다말이 유다에게 낳아 준 베레스의 집과 같게 하시기를 원하노라(룻 4:12).

보아스에게 말하는 장로들의 생각으로는, 다말에 대한 하나님의 축복과 라헬과 레아에 대한 그분의 축복은 동일한 것이었다(룻 4:11).

궁극적으로 다말 후손의 계열은 다윗을 통해 유다의 왕들에 이르고, 성육신하신 하나님의 아들 예수 그리스도에서 그 절정을 이룬다(마 1:1, 3). 분명히 편부모됨은, 그것이 가진 다중의 문제들에도 불구하고, 회복될 수 없는 상황으로 생각되어서는 안 된다. 아들에 대한 다말의 개념과 편모로서의 결과적인 일은 아마 상상될 수 있는 가장 색다른 상황들 가운데 하나일 것이다. 그러나 만약 하나님의 은혜가 이런 상황의 특수성에도 불구하고 축복하실 수 있다면, 현재 상황들 중에서 가장 특별한 상황에도 절망해서는 안 된다. 그 대신 편부모는 항상 주님께서 자녀 양육에 보이지 않는 파트너 역할을 하시리라는 희망을 지니고 살아야 한다.

　더 나아가 편부모를 위한 소망의 근거는 예수님의 어머니 마리아조차 대부분의 삶을 편모로 살았다는 관찰에서 얻을 수 있다. 성경이 예수님의 형제들에 관해 말하는 것은 사실이다(마 12:47). 추측해 볼 때, 예수님이 어린 시절 성전에 갔을 때 예수님의 부모에 대해 언급되는 부분에서 요셉이 포함되어 언급되고 있다(눅 2:41-43). 그러나 그 후 요셉에 대한 언급이 전혀 없다는 사실은 그가 마리아보다 나이가 많아 자녀들이 성숙하기 전에 죽었을 것이라는 전제를 지지해 준다. 요셉은 주님께 헌신된 경건한 사람이었다. 그러나 마리아의 마음은 슬픔으로 찔림을 받게 될 것이다(눅 2:35). 마리아만이 가나 결혼식에 참석한 것으로 언급되었고(요 2:1-5), 예수님께서 가르침의 사역을 시작한 후 마리아는 예수님을 보러 오지만, 요셉은 오지 않는다(눅 8:19). 예수님께서 십자가 밑에 서 있는 어머니에 대한 관심을 보인 것은 마리아가 남편의 돌봄을 받으며 살고 있지 않다는 사실을 보여준다(요 19:25). 게다가 마리아는 예수님의 형제들과 함께 예수님의 부활 후 제자들의 기도 모임에 참석한 것으로 언급되어 있지만, 요셉에 관해서는 아무런 언급이 없다(행 1:14).

　이런 언급들을 통해 누적된 증거는 어떤 점에서 마리아가 편모 역할 속에서 자신이 나아갈 바를 알고 있었다는 사실을 암시해 준다. 마리아의 자녀들은 그때까지 성장해 왔지만, 일반적으로 인식되는 것처럼 양육의 과정은 결코 끝나지 않는다. 마리아는 첫 아들이 거절 받고 능욕 받으며, 조롱 받고 십자가에 못 박히는 것을 볼 때 얻은 자신의 깊은 슬픔을 삶의 반려자의 도움 없이 견뎌야 했다. 자녀의 신상에 무슨 일이 일어날지도 모르는 많은 문제들 때문에 깊은 고난을 경험하는 현시대의 편부모는 심지어 우리 주님의 모친조차도 그러한 고통을 경험하고 믿음으로 극복했다는 것을 알아야 한다.

그러나 자녀를 홀로 양육하는 것이 고통스러운 일만은 아니다. 마리아 역시 아들의 부활로 인해 활기찬 기쁨을 느꼈다. 그녀가 이 위대한 순간을 함께 공유할 배우자를 가지고 있지 않을지라도, 그녀의 즐거움은 속박당하지 않았음에 틀림없다. 그것은 하나님께서 그녀의 아들을 높이심으로써 믿을 수 없는 위대한 일을 행하셨기 때문이다. 그녀가 하나님의 영원하신 아들의 영광을 위하여 영예도 요구하지 않았다 할지라도, 그녀는 여인들 중에서 유일하게 주님의 축복을 받았다(눅 1:42).

편부모의 역할은 쉬운 것이 아니다. 그러나 모든 은혜의 하나님은 그분의 특별한 방법으로 보상하신다. 사도 바울이 다른 문맥에서 말한 것처럼, "내가 약할 때 곧 내가 강함이다"(고후 12:10). 편부모이기 때문에 느끼는 그 약함은 주님을 믿는 믿음의 결과로서 힘의 원천이 될 수 있다.

4. 제3세대

> 요셉이 그 아비의 가족과 함께 애굽에 거하여 일백십 세를 살며
> 에브라임의 자손 삼대를 보았으며 므낫세의 아들 마길의 아들들도
> 요셉의 슬하에서 양육되었더라(창 50:22-23).

"만일 손자가 그렇게 많은 즐거움을 준다는 것을 알았더라면, 나는 그들을 첫째로 여겼을 것이다." 이 말은 당신의 손자들을 즐거워하는 일의 축복을 요약한다.

창조주 하나님은 처음 성을 만드셨을 때 후손을 예기하셨다. 결혼이 오직 자녀를 얻기 위해 존재한다거나 자녀를 얻는 일이 우선적인 것으로 생각되어서는 안 된다. 창조주의 놀라운 진수는 결혼 안에서 연합이 이루어지도록 고안한 것이다. 그리하여 그 연합은 교제와 친교 그리고 다른 사람들과 하나 되고자 하는 인간의 가장 깊은 욕구를 만족시킨다. 하지만 이 연합의 놀라운 결과들 가운데 하나는 하나님의 주권적 약속에 따라 자녀를 출산하는 일이다.

그러나 타락! 죄로 인한 인간의 타락 때문에 자녀에 대한 기대가 파괴되지는 않았는가? 아니다. "번성하여 충만하라"는 본래의 명령은 하나님께서 홍수로 세상을 심판하신 후에 신중히 반복되었다(창 9:1; 참조, 창 1:28). 그러므로 자녀를 갖는 일은 하나님의 구속 프로그램의 한 부분이다. 만일 사람이 장수의 복을 받았다면, 그는 자녀들의 자녀들에게서 실

현된 이 기대를 볼 것이다. 그래서 그는 "제3세대"(third generation)와 연합되는 축복을 즐긴다.

야곱의 생애를 보라. 그는 독신으로서 부친과 모친을 떠났다. 그는 아내를 찾고 있었다. 이십 년 후 돌아왔을 때 그는 "무리"로 성장해 있었다. 훨씬 후에 야곱은 애굽으로 여행을 했다. 그때 그의 가족은 70명으로 번성해 있었다. 마지막으로 애굽에서 노년을 즐길 때 그는 요셉의 아들 에브라임과 므낫세를 축복하는 즐거움을 누린다. 하나님은 야곱에게 손자들을 보게 함으로써 축복했다.

그러나 요셉은 그의 손자들을 기뻐하는 이 문제에 있어서 훨씬 더 많은 축복을 경험했다. 요셉은 110세가 되어서 "에브라임 자손의 세 번째 세대를 보았다"(창 50:23). 즉 그는 자신의 고손을 볼 때까지 살았던 것이다.[5] 그가 무릎에 자신의 자녀들을 앉혔다는 사실은 이 삶의 단계에서조차 요셉이 누워 있기보다는 앉아 있을 정도로 기동력 있었음을 암시한다.

---

5) 어떤 주석가들은 이 언급을 증손들에게 제한하고자 시도한다. 그러나 무릎에 놓인 에브라임의 형제 므낫세를 통하여 그의 증손을 취하는 이 경험을 구별하는 예외적 진술은 요셉이 에브라임의 자손 대대를 보는 기쁨을 경험하게 된다는 것을 가리킨다. C. F Keil and F. Deilitzsch, *Biblical Commentary on the Old Testament*(Grand Rapids: Eerdmans, n.d.), 1:412-13를 보라. 이 상황에 실제적인 어려움은 없다고 주장한다. "요셉의 두 아들은 그가 37세가 되기 전에 태어났기 때문에(창 41:50) 에브라임은 적어도 그가 36세에 태어났고, 요셉이 31세에 결혼했기 때문에 34세에도 태어나는 것이 가능하다. 그는 56세 혹은 60세에 손자를 보았고, 그래서 그가 78세에서 85세가 되었을 때 증손을 가졌다. 그래서 그가 110세가 되었을 때, 증손의 아들이 태어났다." G. Ch. Aalders, *Genesis, Bible Student's Commentary*(Grand Rapids: Zondervan, 1981), 297-98은 요셉이 그의 손자들을 틀림없이 보았다고 제안함으로써 그의 결론에 매우 조심성을 보인다.

그러므로 하나님은 그 세대들을 넘어 뻗어나가는 방식으로 결혼관계의 연합을 축복하신다. 영원을 위해 구속된 자들의 끝없는 즐거움 중 하나는, 그들의 족보에 속한 주님의 구원받은 자들을 앞뒤로 추적하는 일일 것이다. 성(Sex)은 하나님의 약속에 의해 단지 개인적인 즐거움을 위해서가 아니라, 세대들을 지나 영원으로까지 뻗어나가는 축복을 위해 존재한다.

제4장

성과 죄

■ ■ ■ ■ ■

1. 최초의 타락 중의 성
2. 경솔함
3. 음욕
4. 간통
5. 성폭행
6. 근친상간
7. 동성애

성의 시작 ......

1. 최초의 타락 중의 성

가인이 여호와의 앞을 떠나 나가 에덴 동편 놋 땅에 거하였더니 아내와 동침하니 그가 잉태하여 에녹을 낳은지라 가인이 성을 쌓고 그 아들의 이름으로 성을 이름하여 에녹이라 하였더라(창 4:16-17).

죄로 인한 인간의 타락은 인간의 성생활에 불가피한 영향을 주었다. 죄가 인간의 성에 대해 추한 흔적을 남긴 많은 방식들을 살펴보는 것은 슬픈 일이다. 그러나 하나님의 말씀은 성적인 죄들이 만든 많은 문제들을 무시하지 않는다. 성에 대한 죄의 변질된 영향은 창세기 처음 장들에서 아주 분명하게 나타난다.

1) 최초의 살인자 가인

가인은 인간의 결혼으로 태어난 최초의 사람이면서 또한 최초의 살인자이다(창 4:8). 결혼을 통해서 인간은 자신들의 형상과 모양을 따르는 자녀들을 낳을 것이다(창 5:3). 아담과 하와는 하나님의 법에 대항하여 반역한 죄인이었고, 아들 가인은 동일한 반역의 본질을 소유했다.

그러므로 가인은 생명의 파괴자였다. 그러나 또한 그는 결혼하여 생명을 낳았다(창 4:17).

하지만 가인은 어디서 그의 아내를 얻었는가? 이 질문은 종종 성경에 관해 원래 회의적인 사람들의 입술을 통해서 나온다. 그러나 이 사람들은 성경 본문을 잘못 읽는다. 성경은 창세기의 창조설화와 모순되게도, 다른 인간 그룹이 아담 계열과 나란히 존재했다는 것을 암시하면서, 가인이 가서 아내를 "발견했다"고 말하지 않는다. 존재했다는 대신에 본문은 성적 관계의 친밀성을 언급하면서, 가인이 가서 그의 아내를 "알았다"라고 말한다(창 4:16-17). 다른 곳에는 아담이 많은 자녀를 낳았다고 기록되어 있다(창 5:4). 그리하여 가인이 취한 아내는 누구인가 하는 질문에 대한 단순한 대답은 가인이 그의 누이와 결혼했다는 것이다. 비록 성경에서 나중에 죄의 퇴보하는 효과 때문에 혈족관계의 촌수에 따라 범위를 정하여 결혼이 제한되긴 했지만, 이 원리는 사실상 처음부터 있었던 것이 아니다.

  가인은 그가 건설한 도시를 아들의 이름을 따라 이름 붙였다. 이런 경우에 그것은 사람의 타락한 상태를 측정하는 하나의 척도가 된다(창 4:17). 그는 하나님을 위한 문화 발전에 전념하지 않고, 스스로를 위해 전념했다. 하나의 왕조 건설을 위한 이 첫째 아들의 인간적 결혼은 아들에게 상속을 물려준 것이라고 할 수 있다. 그러나 친족등용주의(nepotism, 자기 친족에게 관직이나 지위, 명예 등을 부여하는 정책 – 역자 주)는 좀처럼 효과적이지 않다. 단지 재앙을 가져올 뿐이다. 타락의 결과들 중의 하나는 영원한 생명의 소유를 잃어버린 채 인간이 자신의 자녀들을 통해 자기자신을 불멸화하려는 시도이다. 그러나 자녀들은 자신의 부모들과 결코 같지 않다. 그리고 부모들은 항상 자식이 자신들의 뒤를 잇기 원하지만, 그 자녀들의 결정적인 결점을 보는 데는 눈이 멀었다. 그들은 자녀들의 결점을 볼 수 없기 때문에 자기 자녀들을 바로잡아 주지 못한다.

2) 라멕, 거만한 중혼자

　결혼에 대한 창조자의 목적을 설명하는 가운데, 예수님은 처음부터 하나님께서 "둘이 한 몸이 될 것"을 의도하셨다는 것을 지적하셨다(막 10:7-8*). 그러나 라멕은 두 아내를 취하여 하나님의 창조 질서를 부정했다(창 4:19). 그는 어린 소년을 살해한 후, 만일 누군가가 그로 하여금 계산해보도록 시도한다면, 하나님께서 첫 살인자 가인에게 보복하리라고 약속하신 것의 10배 이상으로 원한을 품을 것이라고 그의 아내들에게 뽐냈다(창 4:23-24).[1] 라멕의 마음 속에 있는 보복이 그 시대를 통치했다. 앙갚음으로써 말이다. 단일 범죄에 대한 반응으로 77배의 복수심에 불타오르는 그의 행동 공식은 일대일의 공식인 모세의 탈리온 법보다 훨씬 더 엄중하다(출 21:22-25). 예수님은 범죄자에 대한 새 언약의 표준 규정을 정하실 때, 제자들이 77번이라도 범죄자를 용서해야 한다고 하셨다. 예수님의 이 자비로운 말씀은 라멕이 무자비하게 외친 선언과 대조된다(마 18:22).

　하나님께서 세우신 기본적인 결혼법을 위반했음에도 불구하고, 라멕의 아들들은 사람에게 있는 문화능력을 진지하게 발전시켰다. 한 아들은 목

---

1) Derek Kidner, *Genesis: An Introduction and Commentary*(Leicester: InterVarsity, 1967), 78은 "단순한 상처 때문에 어린 소년(히브리어 '옐레드' ⟨yeled⟩, '아이')을 죽이는 잔인함은 그의 자랑을 강조한다"를 주목한다. 그러나 Gordon J. Wenham, *Genesis 1-11*(Waco: Word, 1987), 1:114를 참고하면, 그는 유사 구절인 열왕기상 12:8, 10에서 '옐레드'(yeled)는 40세의 늙은 누군가를 의미하는 것이 가능하다는 것을 주목한다. 그러나 그 용어의 지배적인 용법은 어린 소년을 가리킨다.

축을 했고, 다른 아들은 악기를 연주했으며, 셋째는 청동기와 철기 기구를 만들었다(창 4:20-22). 하나님은 이 가족을 다루셔서 타락한 모든 민족에게 그분의 보편적인 은혜를 선포하셨다. 칼빈은 다음과 같이 주목한다.

> 완전히 타락한 이 민족, 아담의 나머지 후손이 상당한 재능으로 탁월하다는 것은 진정으로 놀랍다… 그 다음을 알아보자. 가인의 아들들이 회심의 마음을 상실했을지라도, 하나님은 결코 그들을 경멸하지 않고 은사를 주셨다. 그것은 마치 모든 세대의 경험들이 어떻게 하나님께서 불신자들의 현재 삶의 유익을 위해 그분의 빛을 비추어 주시는지 우리들에게 교훈하는 것 같다. 그리고 우리는 탁월한 하나님의 은사들이 전 인류 종족들을 통해 확산되었음을 현 시대에도 발견한다.[2]

종종 족장들의 일부다처제 관습과 관련하여 의문이 생긴다. 아브라함과 야곱은 여러 명의 아내를 두었다. 특별히 창세기에는 이 관습을 비난하는 진술이 없다. 그러므로 적어도 족장시대에 남자들이 많은 아내를 두는 것은 잘못이 아니라고 추정해도 좋은가?

타락한 인류를 위한 하나님의 계시가 초기단계이기 때문에 타락한 인류의 결혼을 위한 하나님의 의도가 후대처럼 분명히 나타나지 않았다고 생각할 수도 있다. 그러나 하나님이 남자와 여자를 창조하신 바로 그 방식에 의해 결혼에 관한 진리가 전달되었다. 오직 한 명의 여자가 아담의 갈비에서 취하여 만들어졌고, 그 여자가 아담에게 인도되었다. 아담은 그 자신의 딸들 가운데 한 명과 결혼하여 근친상간을 범한다든가 함으로써

---

[2] John Calvin, *Commentaries on the First Book of Moses Called Genesis* (Grand Rapids: Eerdmans, n.d.), 1:217f.

한 아내 이상 취할 수 없었다. 남편과 아내의 친밀한 연합의 본질은 "둘이 (그리고 단 둘이) 한 몸이 될 것이다"라는 개념을 충분히 전달하는 것이다 (막 10:8). 예수님은 창조의 사명을 약간 수정함으로써 창세기의 본래적 진술에 내포된 것을 추출하신다. "그들이 한 몸이 될 것이다"(창 2:24)라는 말은 "둘이 한 몸이 될 것이다"(막 10:8)라는 의미이다. 예수님의 용어 수정은 창세기 진술에 소설적 요소를 첨가한 것이 아니다. 그 대신 그분은 단순히 항상 현재였던 본문에 함축된 국면을 나타내신 것이다.

창세기는 메시지를 하나의 형식으로 전달한다는 것을 기억해야 한다. 그 형식이란 현재 "내러티브 신학"으로 불린다. 이 방법에 의해 신학적 진리는 보편화된 진술보다 오히려 역사적 내러티브 안에서 구체화된다. 마음속에 이러한 시각을 갖고 있으면, 아브라함과 야곱의 다중 결혼에 관한 내러티브 속에서 그 점을 발견하는 일은 어렵지 않다. 아브라함의 아내 사라는 그녀의 경쟁자 하갈의 출현을 참을 수 없었다. 그래서 그녀를 가족으로부터 쫓아냈다. 야곱의 두 아내 사이에 일어난 격렬한 투쟁은 라헬이 죽음에 이를 때까지 계속된다. 수년 동안의 결혼생활이 지나간 후, 라헬이 레아에게 르우벤이 얻은 "합환채"를 공유할 것을 제안했을 때 레아는 분노했다. "네가 내 남편을 빼앗은 것이 작은 일이냐? 그런데 네가 내 아들의 합환채도 빼앗고자 하느냐?"(창 30:15). 언제나 레아는 남편의 두 번째 아내인 라헬의 도전에 심한 적개심을 품었다. 한편 라헬은 야곱에게서 얻은 한 아들에 만족할 수 없었다. 그래서 그녀는 이 아들 외에 다른 아들을 주셔서 "하나님께서 더하시기를" 하는 의미로 그 아들의 이름을 요셉이라고 지었다. 그녀는 남편을 둘러싸고 벌어지는 레아와의 경쟁에서 이겨야만 했다. 그래서 라헬은 둘째 아들 베냐민을 낳을 때 생명을 지불하고 만다(창 35:18).

일부다처제가 여전히 성행하는 어떤 문화에서 종종 남성들은 한 아내 이상을 취하는 것이 여성들에게 큰 호의를 베푸는 것이라고 생각한다. 다른 한편으로 독신 됨이 여성들에게 특별한 어려움으로 작용하는 사회적 상황 속에서는 결혼하지 않은 채 남아 있는 일이 논란거리가 된다.

그러나 실제로 일부다처제 상황에 대한 실질적 연구는 일부다처제 속에서 여성들이 경험하는 끝없는 고통을 폭로한다. 한 예로, 어떤 여인은 남편의 네 번째 아내였으나 가장 사랑받는 아내였다. 그런데 웬일인지 그녀는 남편의 총애로부터 떨어져나가게 되었다. 그녀의 아들은 자신의 어머니가 자살할 지경이 되었는데, 그리스도에 대한 믿음으로 말미암아 자살로부터 구원받았다고 말했다. 다른 경우, 잔지바(Zanzibar) 섬에서는 일부다처제 가운데 놓인 여인은 남편이 밤에 자신의 집으로 올지 또는 다른 아내들 중 하나의 집으로 갈지 알지 못해도, 매일 저녁 남편을 위해 충분한 음식 준비를 해야 한다고 설명한다. 그러면서도 그녀는 몰래 정부를 둠으로써 가장 큰 만족을 얻고 있다.

이 같은 상황은 좀처럼 여인을 위한 축복으로 간주될 수 없다. 하나님은 그것을 명령하시지 않았으며, 창세기 내러티브 신학은 분명히 그것을 옳지 않은 것이라고 말한다.

3) 셋, 하나님께서 선택하신 후손

셋은 그의 어머니 하와의 희망을 표현한다. 하와가 그의 이름을 "두다"(to set)라는 의미를 지닌 "셋"(Seth)이라고 지었을 때, 그것은 아벨의 죽음으로 인한 저주를 역전시킬 한 후손이 여인으로부터 올 것이라는 하와의 초기 믿음을 표현해 준다(참조, 창 3:15). 그녀의 "후손"이 되도록 "둘"

(set) 자로서 이 셋이라는 칭호는 하와가 그것을 죄로 타락한 시간에 주어진 구속자에 대한 첫 약속의 용어로 생각하고 있었다는 것을 지지한다. 하나님은 그의 타락한 형제들을 대신해서 이 "후손"을 "두셨다"(창 4:25). 그 저주를 제거할 자녀에 대한 유사한 소망은 "안식"을 의미하는 "노아"로 아들의 이름을 지은 라멕에 의해 보다 노골적으로 표현된다. 라멕은 아들의 이름을 지으면서, 이 아들이 하나님이 약속한 그 땅에서 저주를 제거하는 사람이 될 것이라는 그의 소망을 표현한다(창 5:29; 참조, 3:15-19).

2. 경솔함

■ ■ ■ ■ ■

> 바로가 아브람을 불러서 이르되 네가 어찌하여 나를 이렇게 대접하였느냐 네가 어찌하여 그를 네 아내라고 내게 고하지 아니하였느냐(창 12:18).

현대 세계에서는 성의 중요성에 대한 이해가 부족하기 때문에 흔히 성적 관계를 더 경솔하게 다룬다. 때때로 젊은이들은 신체적으로 성숙한 나이에 도달한 것이 성에 대해 실험적인 태도를 가지는 것을 정당화한다고 생각한다. 그들은 일반적으로 이 성적 관계의 결과들에 대해서 잘 인식하지 못한다.

그러나 성에 대해 조심성 없는 태도는 젊은이들이나 세상 물정을 잘 모르는 사람들에게 국한되지 않는다. 보다 잘 알아야 하는 비교적 성숙한 사람도 흔히 그들이 깊이 빠져들지 않는 한 잠시 불륜관계를 갖고 나서 일상생활로 돌아갈 수 있다고 생각한다.

하지만 성을 경솔히 여기는 태도에 관해 창세기의 가르침은 경건하고 건강한 성적 관계가 아닌 것들에 대항하는 적합한 경고 역할을 한다. 이런 관점에서 볼 때 온건한 개선책이 아브라함, 사라 그리고 아비멜렉 사이의 관계 속에서 발견될 수 있다(창 20장).

아브라함은 애굽에 체류하는 동안 이미 매우 비슷한 문제로 깊은 괴로움에 빠진 경험이 있다(창 12:10-20). 그 당시 그는 사라의 미모에서 풍기는 매력적인 특성 때문에 위협을 느꼈다. 그는 그녀를 보고 감탄한 누군가가 그녀를 취하기 위하여 자신을 죽일 것이라고 생각했다.

그래서 그는 사라를 설득하여 만나는 모든 사람들에게 그녀가 아브라함의 누이라고 말하도록 했다. 그것은 일부만 진실이었다. 그러나 일부만의 진실은 전적인 거짓말이다. 진실에 대한 아브라함의 거짓된 진술 결과로 애굽의 바로는 아브라함을 그의 말대로 취급하고 사라를 그의 궁전으로 데려갔다.

그러나 사람들의 그 모든 일을 지켜보신 하나님은 성에 관해 그렇게 경솔하지 않으셨다. 아브라함과 사라는 하나님이 선택한 그릇으로서, 그들을 통해 세상을 구원할 후손이 세상에 오도록 되어 있었다. 그러므로 하나님은 그 왕으로부터 성적 관계를 요청받는 사라를 보호하기 위해 바로와 그의 집에 심각한 질병을 보냈다.

어쨌든 왕은 사라가 사실상 아브라함의 아내이며 하나님이 그의 집에 있는 사라 때문에 징벌을 내리셨다는 것을 이해하게 되었다. 그 왕은 즉시 반응했다. 왕은 아브라함을 소환하여 그의 속임수에 대해 단호하게 꾸짖었다. 그리고 그를 반갑지 않은 손님으로 취급하여 나라 밖으로 내보내 버렸다.

그 경건한 족장은 이 사건 속에서 교훈을 얻었을 것이다. 그러나 많은 가축을 이끌고 그랄로 여행했을 때 그는 아비멜렉 왕에게 정확히 동일한 계략을 반복했다(창 20장). 이때 하나님은 아비멜렉 가족의 모든 여인들로 하여금 아이를 갖지 못하도록 태문을 닫으셨다. 그 후 하나님은 꿈속에서 사라가 그의 집에 있는 한 그가 하나님에 의해 죽음의 위협 아래 있다는 것을 알리시면서 아비멜렉에게 자신을 계시하셨다. 사라가 진정으로 그의 배다른 누이라는 아브라함의 어설픈 변명은 그 왕에게 거의 아무런 감동을 주지 못했다.

성적인 관계를 훼손하는 인간의 어리석음은 얼마나 놀라운가. 아브라함은 자신의 아내를 이방의 변덕스런 왕에게 돌리기 전에, 하나님으로부터 그 해에 사라에게서 그의 아들이 태어날 것이라는 약속을 받았다(창 18:10). 그런데도 그는 지금 사라가 다른 사람에 의해 임신될지도 모르는 위험을 기꺼이 무릅썼다는 것인가? 또는 사라가 이미 임신 중이라면, 그는 사라를 아비멜렉에게 돌림으로써 이 아이의 생명을 위험 속에 던지는 것이 아닌가?

성적 관계에 내포된 친밀감은 무례하고 무관심한 자세로 다루어져서는 안 된다. 지혜와 은혜의 하나님은 인간 존재의 생명이 시작되는 가장 놀랍고 신비로운 방법을 창조하셨다. 하나님의 재가를 받은 이 관계는 그 결과가 너무 중요하기 때문에 경솔하게 다루어져서는 안 된다. 서로에게 헌신된 오직 한 남자와 한 여자는 그들의 생애 동안 서로 깊은 인격적인 결속 가운데 들어가야만 한다.

사도 바울은 성적 관계에 대한 경솔한 태도를 거부한다.

> 몸은 음란을 위하지 않고 오직 주를 위하며 주는 몸을 위하시느니라 하나님이 주를 다시 살리셨고 또한 그의 권능으로 우리를 다시 살리시리라 너희 몸이 그리스도의 지체인 줄을 알지 못하느냐 내가 그리스도의 지체를 가지고 창기의 지체를 만들겠느냐 결코 그럴 수 없느니라 창기와 합하는 자는 저와 한몸인 줄을 알지 못하느냐?(고전 6:13b-16a).

현대인들은 공허한 궤변으로 인간의 육체적 관계의 중요성을 경시한다. 사람들은 자신을 다른 형태의 동물과 마찬가지로 인식하여, 그의 몸이 다양한 상황 속에서 어떤 파트너와도 성적으로 결합해도 좋다고 생각한다. 그것이 자기 자신이나 다른 누군가에게 해를 입히지 않는다고 여기면서 말이다. 그러나 인간 심신의 본질이 가지고 있는 복잡한 특성 때문에, 사람이 다른 사람과 성적으로 결합할 때, 그것은 그 사람의 인격과 육체 그리고 영혼과 하나가 되는 것을 의미한다. 바울은 예수 그리스도 안에 있는 신자들은 그의 육체가 그리스도와 연합되었다는 것을 주목함으로써 인간 육체의 중요성을 납득시킨다. 믿음으로 예수 그리스도와 하나 되는 것은 단순히 신자의 영만이 아니다. 그의 몸도 그와 연합되는 것이다. 이런 이유로 몸으로 하는 성행위는 무심하고 경솔한 방법으로 취급될 수 없다. 신자들의 몸은 하나님의 아들 예수 그리스도와 연합되었기 때문에 쉽게 다루어서는 안 된다. 만일 이스라엘이 받았던 중대한 심판이 애굽과 가나안 민족의 영향을 받아 종교적 제의를 담당한 여사제들과 불법적인 성관계를 맺는 데서 비롯된 것이라면, 오늘날 그리스도를 가볍게 여기는 사람들에게 떨어질 심판은 얼마나 끔찍하겠는가! 자주 혼외정사를 즐기는 자들이 기쁨, 평화, 만족감을 상실하는 것은 거룩한 결혼의 신성한 연합을 파기하는 자들에 대한 하나님의 심판 가운데 첫번째 것이라고 생각해도 좋다.

3. 음욕

이스라엘이 그 땅에 유할 때에 르우벤이 가서 그 서모 빌하와 통간하매 이스라엘이 이를 들었더라 야곱의 아들은 열둘이라(창 35:22).

하나님이 창조하신 남자와 여자 사이의 관계와 관련된 모든 아름다움에도 불구하고, 타락한 인류는 그것을 비틀리게 하여, 마음속의 음욕에 의해 그것이 추해지고 말았다. 음욕은 인간의 마음속에 무절제하고 음란하게 자리한 욕구로 정의될 수 있다. 종종 음욕은 유혹과 구분하기 어렵다. 그러나 그 차이는 마음의 태도에 있다. 예수님은 성적 욕망을 음탕한 눈길 배후에 있는 의지의 행동으로 정의한다. 이미 음욕을 품고 바라보는 사람은 그의 마음에 간음을 범한 것이다.

> 나는 너희에게 말한다. 음욕을 품고 여자를 보는 자마다 마음에 이미 간음하였느니라(마 5:28*).

예수님의 분석에서 의지, 즉 마음속에 품은 부정한 의도는 음탕한 눈길보다 앞선다. 그것이 죄와 유혹을 구분한다. 여인의 아름다움을 바라보는 것은 남자에게 자연스러운 일이다. 그러나 하나님의 법이 제한하는 울타리를 넘어, 소유하려는 기대로 바라보는 자발적 행동은 그 선을 넘어 음욕의 영역으로 들어간다.

일단 마음속에 부정한 욕망을 품으면, 종종 분명한 간통 행위가 뒤따른다. 성경이 "무릇 지킬 만한 것보다 더욱 네 마음을 지키라. 생명의 근원이 이에서 남이니라"(잠 4:23*)라고 말한 이유가 없지 않다.

음욕의 죄는 종종 하나님의 법을 어기는 다른 많은 범죄를 동반한다. 르우벤이 부친의 첩과 행한 죄된 행동은 슬프게도 이 죄가 초래한 환경의 복잡성을 보여준다(창 35:22).

라헬이 둘째 아들 베냐민을 낳았을 때, 야곱은 사랑하는 아내 라헬을 잃었다(창 35:19-20). 그는 상실감으로 매우 슬퍼했고, 나머지 생애 동안 이별의 고통은 계속되었다(창 48:7). 밧단 아람에서 귀환하는 길에 야곱은 헤브론에 있는 부친에게로 돌아가기 위해 베들레헴 근처에 장막을 쳤다.

그가 이 지역에서 머물고 있을 때, 야곱의 장남 르우벤은 치명적인 실수를 저질렀다. 그 전체 사건은 악의 불길한 본질, 그리고 인간의 마음속에서 그것이 작용하는 방식을 보여준다. 르우벤은 음욕에 가득찬 치욕적인 행동으로 부친의 첩, 막 숨진 라헬의 여종 빌하를 범했다(창 35:22). 얼마나 오랫동안 르우벤이 마음속에 이 음욕을 품어왔는지 알 수 없다. 그러나 라헬이 살아 있는 한 가족간의 질서에 대한 존중으로 인해 결코 그 사건이 발생하도록 허용되지 않았을 것이다. 빌하는 야곱에게 주어진 여종들 중 첫 번째였다(창 30:3-4). 라헬은 자신의 불임에서 오는 좌절을 극복하기 위하여 야곱에게 빌하를 주었다. 이 관계로 인해 라헬을 대신하여 빌하에게서 태어난 두 아들은 르우벤의 탁월한 위치에 위협적인 경쟁자로 등장했다. 라헬이 빌하의 아들 납달리가 태어났을 때 "내가 형(르우벤의 모친 레아)과 크게 경쟁하여 이기었다"(창 30:8)라고 한 말처럼 말이다. 르우벤은 분명히 자기 자신의 모친 레아의 여종을 취하려 하지 않았다. 그 대신 그는 라헬의 여종 빌하를 더럽힘으로써 그 가족의 경쟁자 편에 모욕을 준 것이다.

르우벤의 아버지 야곱(이스라엘)은 그 소식을 들었다. 흔히 매우 자연스런 성행위는 두 사람 사이에서만 이루어지는 사적인 정사이기 때문에 아무도 이 문제를 모를 것이라고 쉽게 생각한다. 그렇지만 웬일인지 가장 사적인 정사행위는 빠르게 공개되어 드러난다. 부정한 성적 관계에 마음이 끌리는 사람은 누구나 그가 무엇을 하든지 간에 궁극적으로 소문이 널리 퍼져 모두 알게 될 것이라는 가능성을 심사숙고해야만 한다. 어느 현자는 "만약 네가 어떤 단편적인 정보를 알기 위해 세계를 원한다면, 네 가장 가까운 친구를 들판으로 인도하고 비밀로 하겠다고 그에게 몸을 굽히고 맹세하라. 그리고 그의 귀에 속삭이라. 그러면 너는 그 다음날 세계가 네 비밀을 알게 될 것"이라고 말한 바 있다.

야곱은 크게 당황했음에 틀림없다. 사랑하는 아내 라헬이 막 죽었으므로 야곱이 라헬의 시녀 빌하를 배우자로 생각했을지도 모른다고 추정할 수 있다. 그러나 지금 그녀는 레아의 장남, 즉 야곱의 모든 자녀들 중의 장남에게 더럽혀졌다. 장자의 권리를 가진 법적 상속자 르우벤은 자신뿐만 아니라 가족의 이름을 더럽혔다.

성경은 르우벤에 대한 야곱의 심판을 언급하지 않는다. 그러나 야곱은 그의 삶의 종착역에서 오히려 강력하게 반응한다. 르우벤의 부끄러운 행위는 두 개의 다른 상황으로 그 결과가 잇따라 나타나고, 이 두 개의 실례에서 가족 내에서의 그의 미래의 위치가 이 한 번의 음욕적 행위에 의해 철저히 영향 받는다.

첫째, 노년에 야곱이 애굽에 있을 때 라헬의 아들 요셉이 두 아들 에브라임과 므낫세를 그 앞으로 데려왔다. 그때 야곱은 결정적인 법적 행동을 취하여 그 후손들로부터 발전하게 될 민족의 미래를 의미심장하게 결정한다. 그는 두 손자, 즉 요셉의 아들 에브라임과 므낫세를 자신의 아들로 입양했다. 르우벤과 시므온이 그의 처음 난 아들들이었던 것과 마찬가지로, 이제 에브라임과 므낫세가 그의 장남으로 인식되어야 한다(창 48:5). 이 두 아들은 요셉의 장남이었으므로, 이제 그들은 입양을 통해 야곱의 장남이 되었다. 이 행동은 야곱이 르우벤과 시므온의 자리에 요셉의 아들들을 두기로 결정했음을 가리킨다.

가족 내의 장자 위치에 대한 재배치는 이후의 성경에서 확고해진다. 역대기 기자는 이스라엘 지파의 계보를 추적하면서, 특별히 르우벤이 음탕한 근친상간 때문에 장남으로 총애 받는 자리에서 제거되고, 에브라임과 므낫세가 그 자리를 대신했음을 보고한다.

> 이스라엘의 장자 르우벤의 아들들은 이러하니라(르우벤은 장자라도 그 아비의 침상을 더럽게 하였으므로 장자의 명분이 이스라엘의 아들 요셉의 자손에게로 돌아갔으나 족보에는 장자의 명분대로 기록할 것이 아니니라 유다는 형제보다 뛰어나고 주권자가 유다로 말미암아 났을지라도 장자의 명분은 요셉에게 있으니라)(대상 5:1-2).

타락한 인류가 이 교훈을 배우기는 어렵다. 그러나 진실은 없어지지 않는다. 음탕한 욕망을 제압하기 위한 대가는 크고 무겁다. 이 경우에 이스라엘 장자의 권리는 르우벤의 죄 때문에 빼앗겨 요셉의 아들들에게 주어졌다. 르우벤은 라헬의 여종 빌하와 동침함으로써 경쟁자 계열에 굴욕을 주고자 했다. 그러나 결과적으로 르우벤과 그의 세습자들은 오히려 굴욕을 당했다. 궁극적으로 라헬의 계열은 "유다 계열의 기름부음을 받은 자"에 대한 기대와 나란히 "에브라임 계열의 기름부음을 받은 자"에 대한 기대로 발전하는 지점까지 탁월한 위치를 부여 받았다. 그러나 "르우벤의 계열(아들)의 기름부음 받은 자"에 대한 전승은 없다. 역대기 기자가 말하는 것처럼 유다는 가장 강하여 통치자가 그에게서 나왔다. 그러나 장자의 권리는 요셉에게 있다. 이 동일한 기대가 중요한 메시아 시편의 하나로 발전된다.[3] 시편 80편에 의하면, 하나님의 이스라엘을 구원하기 위해 일어나는, "(하나님의) 오른편에 있는 자"인 "사람의 아들"은 요셉 지파에게서 나온다.

르우벤의 음탕한 행동의 결과로서의 그의 몰락에 대한 슬픈 영상은 야곱이 그의 아들들의 미래에 대해 행한 예언적 선포에서 나타난다.

> 르우벤아 너는 내 장자요 나의 능력이요 나의 기력의 시작이라 위광이 초등하고 권능이 탁월하도다마는 물의 끓음 같았은즉 너는 탁월치 못하리니 네가 아비의 침상에 올라 더럽혔음이로다 그가 내 침상에 올랐었도다(창 49:3-4).[4]

홀이 유다를 떠나지 않을 것이다(창 49:10). 요셉은 위로 하늘의 복들을 지닌 무성한 가지가 될 것이다(창 49:22, 25). 그러나 르우벤은 야곱의 장자일지라도 그의 탁월한 지위에 대한 예언의 말이 없다. 그 대신 그의 아버지는 그를 물이 쉽게 끓는 것처럼 사나운 사람, 앞으로 탁월하지 못할 사람으로 규정한다. 그는 부친의 침상에 올라 빌하와 함께 음탕한 행위를 했기 때문에 장자의 축복은 영원히 그에게서 떠났다.

---

3) O, Palmer Robertson, *Psalms in Congregational Celebration*(Durham: Evangelical Press, 1995), 182-87.
4) 이 예언적 선언의 마지막 구절은 그의 아들로부터 자신을 멀리하는 야곱을 찾아볼 수 있다. 대부분의 번역들 속에 언급되지는 않았지만, 그 구절들은 갑자기 2인칭 "네가 올랐다"에서 3인칭 "그가 올랐다"로 변한다. Kidner, *Genesis*, 216을 보라.

르우벤이 저지른 음란한 행위는 그에게 비싼 값을 치르게 한다. 첫째, 그는 물처럼 난폭한 인격의 소유자로서 특징 지어졌다. 이 불안한 행동은 그의 삶을 결정지었다. 둘째, 르우벤의 음란한 행동은 그에게 결코 돌이킬 수 없는 평가를 가져다주었다. 아마도 비밀리에 진행되었으리라고 추측되는 이 한 가지 행동이 그의 삶의 특징이 되고 말았다. 셋째, 자신의 정욕을 조정하지 못하고 그 순간의 유혹에 굴복했다. 그 결과로 르우벤은 전혀 탁월치 못한 운명이 되었다. 뒤따르는 이스라엘 역사는 이 점을 확고히 한다. 르우벤 지파에서 선지자와 제사장, 사사와 왕들이 일어났다는 기록은 전혀 없다. 자신을 스스로 조절할 수 없는 사람이 다른 사람들을 조절한다는 것은 거의 기대할 수 없다. 나중에 모세가 이스라엘 지파에 관한 그의 예언적 선포에서 처음으로 르우벤을 명명했다 할지라도, 그는 자신의 지파가 죽지 않고 살게 될 것이라는 희망을 표명할 수 있다(신 33:6). 드보라의 승전가 속에서 르우벤은 왜 민족의 위기 때에 양떼들 가운데 머물렀는지 단지 질문의 형태로 언급된다(삿 5:15-16). 야곱의 장남은 남성다움을 상실했다.

음욕의 파괴적인 힘에 대한 민감하지만 생생한 묘사는 알란 파톤(Alan Paton)의 "너무 늦은 팰러로프"(*Too Late The Phalarope*)의 주제 역할을 한다. 이 소설을 이끌어가는 주인공은 그가 속한 사회의 금기사항을 모두 어기고 그의 결혼 맹세들을 불충실하게 행하면서 자신과 자신의 가족을 치명적으로 파괴한다.

성적 음욕의 파괴적인 힘에 대한 다른 실례는 밧세바를 범한 행동의 결과로서의 다윗의 몰락(삼하 11장)과, 다윗의 아들 암논이 그의 이복누이 다말을 자기 음욕을 따라 취한 결과로 파괴되어 버린 암논의 생애에서 찾아볼 수 있다(삼하 13장). 나단 선지자에 의하면, 다윗은 다른 사람의 아내를 훔친 죄인 바로 "그 사람"이다. 결과적으로 그는 다시금 그의 집에 평화를 유지하지 못했다. 다윗의 아들 암논은 부친의 죄를 답습했다. 그는 이복누이 다말에게 음욕을 품고 병든 체했다. 결국 그는 병을 핑계삼아 그녀를 침실로 유인하여 강제로 겁탈했다. 성경의 평가는 그 음욕의 최종 열매를 폭로한다. 그 사건이 발생한 즉시 "암논은 그녀를 매우 강렬하게 증오했다. 실제로 그가 사랑했던 것 이상으로 그녀를 증오했다"(삼하 13:15). 그 음욕이 경작한 것은 쓴 열매였다. 누군가를 단순히 성적 욕망의 대상으로 취급한 결과는 창조자가 의도한 파트너 사이의 결속을 파괴하기 때문에 그 사람을 격하시키고 만다.

성적 음욕은 인간의 삶에 엄청난 충격을 준다. 하나님의 은총은 자신의 삶과 마찬가지로 다른 사람의 삶을 파괴하는 사람들의 구원을 위해 항상 필요하다. 새 언약의 상황 속에서 무절제한 음욕의 행동이 초래하는 궁극적인 결과는 분명하게 설명되어 있다. 바울은 고린도교회의 혼잡한 상황을 다루면서 성적 음욕에 대해 끝없는 중요성을 지적한다.

> 불의한 자가 하나님의 나라를 유업으로 받지 못할 줄을 알지 못하느냐 미혹을 받지 말라 음란하는 자나 우상 숭배하는 자나 간음하는 자나 탐색하는 자나 남색하는 자나 도적이나 탐람하는 자나 술 취하는 자나 후욕하는 자나 토색하는 자들은 하나님의 나라를 유업으로 받지 못하리라(고전 6:9-10).

이 사람들이 유혹을 받았다는 것에 주의를 기울이자. 요셉이 사건이 발생하기 전에 스스로 모든 유혹을 뿌리친 것처럼 유혹에서 도망하자(창 39:12). 영혼을 대항하여 싸우는 젊음의 음욕에서 도망하자(딤후 2:22; 벧전 2:11).

4. 간통

> 그의 주인의 아내가 요셉을 주목하다 말하기를
> 나와 동침하자(창 39:7).

요셉은 형제들의 미움을 받아 노예로 팔려갔다. 그 후 그는 감옥의 책임자로 일하는 바로의 관리 중 한 명인 보디발의 집을 관리하는 종이 되었다(창 39:1). 여호와께서 이 불리한 상황 속에서조차 요셉과 함께 하셨기 때문에, 요셉이 관리하는 모든 것이 번성했다. 보디발은 요셉이 거의 실수하지 않는 모습을 보고 그의 집 전체를 그에게 위임했다. 단지 보디발이 관심을 가진 유일한 개인적인 문제는 "그가 먹는 음식"이었다(창 39:6).

그러나 보디발의 아내는 다른 관심을 가졌다. 그녀는 집에서 많은 시간을 보내는 잘생기고 체구가 건장한 이 젊은이를 주목했다. 그녀는 그에게 매력을 느꼈다. 아마도 그녀는 늙어가고 있었을 것이고, 그래서 그녀는 자신이 여전히 남자를 유혹할 수 있다는 것을 스스로 증명할 필요를 느꼈는지도 모른다. 그래서 그녀는 유혹하는 "매춘부" 역할을 선택했다. 그녀는 자기 몸을 그에게 내어줌으로써 그 젊은이를 유혹하려 했다.

"와서 나와 함께 눕자" 하고 그녀는 말했다. 풍만한 보디발의 아내는 매우 매혹적인 방법으로 자신을 요셉에게 주저없이 던졌다.

그러나 요셉은 거절했다. 보디발의 아내가 전혀 예상하지 못한 방식이었다 할지라도, 그는 절대적으로 옳게 판단했다. 그의 주인이자 그녀의 남편인 그는 그의 집 전부를 요셉에게 위임했다. 이러한 신뢰를 요셉이 어떻게 어길 수 있었겠는가? 어떻게 그가 하나님을 대항하여 죄를 지을 수 있었겠는가(창 39:9)? 만약 요셉이 보디발의 아내의 제안을 수용했다면, 분명히 요셉은 주인의 신뢰를 파괴했을 것이다. 그러나 그녀의 유혹적인 제안에 대한 그의 강력한 거절은 매우 견고한 토대에 근거한다. 그가 자신의 하나님, 즉 이 모든 혜택의 궁극적 원천이신 분을 대항하여 죄를 짓게 되리라는 것이다.

요셉의 저항기법에 나타나는 두 가지 요소는 주목할 가치가 있다. 첫째, 요셉은 이 여인을 다른 남자의 사적인 소유, 즉 그녀가 그녀의 남편에게 재산의 일부 이상의 아무것도 아니라는 의미에서가 아니라, 그의 눈에 특별히 소중한 사람이라는 의미로 인식했다. 어떻게 요셉이 보물을 요구하면서 주인의 아내를 훔침으로써 그를 배반할 수 있었겠는가? 그 여인의 태도는 그 상황을 객관적인 무효로 만들 수 없었다. 요셉은 그의 주인의 신뢰를 더럽힐 수 없었다.

요셉이 선언한 그 원리는 결혼하지 않은 여성에 대해서도 똑같이 적용될 것이다. 언젠가 어느 특별한 여성은 한 남자의 유일한 보물이 될지 모른다는 것을 생각해야 하기 때문이다. 언젠가 다른 사람의 가장 귀중한 보물이 될 이 사람을 더럽힐 수 있는가? 분명히 아니다!

둘째, 요셉은 항상 하나님에 대한 자신의 책임을 재확인시킴으로써 그 여인의 유혹적 제안에 대항하여 자신을 견고히 했다. 어떻게 하나님을 대항하여 죄를 지을 수 있는가? 다가오는 삶뿐 아니라 현재의 삶 속에서도 하나님은 죄인을 심판하신다. 하나님의 법을 어기는 사람은 심판을 면할 수 없다. 다윗이 밧세바를 향한 음욕에 한번 굴복한 것은 하나님의 법을 어긴 모든 범죄자에게 매우 실제적인 전망을 준다. 다른 남자의 아내와 잠을 잔 행동 때문에, 하나님은 판결문을 선언했다. 즉 다윗 자신의 아내들이 공개적으로 더럽힘을 당할 것이다(삼하 12:11-12; 참조, 삼하 16:21-22). 게다가, 다윗은 자신의 죄를 은닉하기 위하여 밧세바의 남편 우리아를 죽였으므로, 그 폭력의 칼이 그 자신의 집에서 떠나지 않을 것이다(삼하 12:9-10). 하나님의 심판의 방법은 충실하고 또한 공정하다.

음란한 성적 관계들을 갖고자 하는 유혹을 느끼는 사람들은 이 요소들을 심사숙고하여 자신을 미리 무장시켜야 한다. 간통은 당신의 가슴에 뜨거운 석탄을 집어넣는 것과 같다. 당신은 석탄을 태우지 않고 그것을 집어넣을 수 없다. 당신이 다른 사람의 가장 소중한 보물을 훔친다면, 하나님은 분명히 보수하실 것이다. 당신이 하나님의 가장 기본적인 법을 파괴하면, 그분은 당신에게 공의로운 심판을 행하실 것이다.

요셉의 경우, 그 유혹하는 창녀는 그리 쉽게 물러서지 않았다. 그녀는 날마다 그 젊은이에게 접근했다. 그녀는 자신의 침실로 그를 끌어들이기 위하여 상상할 수 있는 모든 방안을 다 사용했다. 그러나 요셉은 여호와께 약속했다. 그는 그녀가 아무리 끈질기다 해도 그 유혹에 굴복하지 않을 것이다. 그는 가능한 한 많이 그녀를 피하기로 결심했다(창 39:10).

마침내 다른 종들이 집을 비운 어느 날, 그 여인은 요셉의 옷을 붙잡고 그녀와 함께 눕자고 강요했다. 그러나 요셉은 자신의 옷을 벗고 그 집에서 뛰쳐나갔다(창 39:12).[5] 그는 그렇게 행동함으로써 자신의 운명을 결정 지었다. 보디발의 아내는 "모욕당한 여인의 분노 같은 분노는 없다"는

---

[5] Gerhard von Rad, *Genesis: A Commentary*(Philadelphia: Westminster, 1976), 366은 사실상 요셉이 남긴 그 옷이 "아마 엉덩이까지 내려오게 묶는 긴 옷"

옛 격언이 사실이라고 증명하듯 갑자기 고발자로 돌변했다. 그녀는 이 젊은 히브리인이 자신을 성폭행하려 했다고 남편에게 말했다. 그리하여 요셉은 감옥에 던져져 여러 해 동안 갇히게 되었다. 이 여인의 유혹을 거절한 대가는 요셉에게 큰 것이었으나, 그의 정직함으로는 다른 선택을 할 수 없었다.

잠언에 나타나는 여러 주제들 가운데 여인의 유혹에 대한 경고가 있다. 단 한번의 간통 행위는 사람의 삶을 파멸할 수 있는 일들 가운데 하나이다. 특별히 복음사역을 위해 부름 받은 사람들에게 그 어려운 사실은 현실의 문제로 나타난다. 한번의 간통 행위로 당신의 사역이 끝날 수도 있다. 잠언은 다음과 같이 말한다.

> 대저 명령은 등불이요 법은 빛이요 훈계의 책망은 곧 생명의 길이라 이것이 너를 지켜서 악한 계집에게, 이방 계집의 혀로 호리는 말에 빠지지 않게 하리라 네 마음에 그 아름다운 색을 탐하지 말며 그 눈꺼풀에 홀리지 말라 음녀로 인하여 사람이 한 조각 떡만 남게 됨이며 음란한 계집은 귀한 생명을 사냥함이니라 사람이 불을 품에 품고야 어찌 그 옷이 타지 아니하겠으며 사람이 숯불을 밟고야 어찌 그 발이 데지 아니하겠느냐 남의 아내와 통간하는 자도 이와 같을 것이라 무릇 그를 만지기만 하는 자도 죄 없게 되지 아니하리라(잠 6:23-29).

인 그의 속옷이었다고 말한다. 폰 라드는 "이것은 요셉이 분명히 수치스럽고 불명예스러운 알몸으로 도망했다는 것을 의미한다"고 결론 내렸다. 그러나 내러티브에 사용된 그 용어는 일반적으로 "의복"을 의미하는 히브리어 beged이다. 70인역은 안에 입는 의복과 구별되는, "외투"를 의미하는 himatia로 번역했다.

남자와 여자 모두 불륜의 성관계를 위해 상대자를 찾으려는 유혹을 겪을 것이다. 현대의 상황에서 고용주는 종종 여직원들에게 자신의 제안을 승낙하지 않으면 퇴사시키겠다고 위협하면서 압박한다. 행상인들은 성적 호의에 대한 답례로 아이를 혼자 기르는 엄마에게 매우 필요한 제품을 무료로 제공할지도 모른다. 때때로 어떤 사람은 요셉의 경우처럼 피하기 어려운 상황에 놓일 수도 있다. 요셉은 무엇을 행할 수 있었는가? 그는 그의 일을 중단할 처지에 있지 않았다. 그렇지만 그는 보디발에게 그의 아내가 자신을 유혹하려 했다고 조금도 말하지 않았다. 그는 그 상황에서 최선을 다했다. 그는 크게 고난을 당했다. 그러나 비록 그가 자신의 결백을 위해 거짓 고소, 명예 훼손 그리고 투옥을 참아내야 했다 할지라도, 결국 주님께서 요셉을 가장 높은 위치에 오르게 하셨다.

많은 사람들은 자신들이 불행한 결혼 상황에 있다고 생각한다. 그들은 다른 누군가와 "사랑에 빠진다." 그리고 그 감정은 상호적이다. 때때로 사람들은 자신들을 위험한 상황으로 몰아넣는 어리석은 행동을 한다. 어떤 사역자는 교회에서 여성을 상담하는 동안 자신을 홀로 있게 할 수도 있다. 또는 그가 혼자 이성의 누군가와 함께 있게 될 집의 문지방을 넘는 잘못을 범할 수도 있다. 이 모든 상황들은 간통죄로 인도할 수도 있다.

도덕적 규범이 혼잡한 사회 속에 사는 동안 개인의 고결성을 유지하는 것은 거룩한 삶을 살도록 위임 받은 하나님의 백성들에게 가장 필요한 일이다. 이 부분에서 한번의 실패는 일생에 걸친 복음사역에 있어서 한 사람의 섬김을 종결시킬 수도 있다. 그리스도인의 행동 규범은 단지 개인의 속박만을 요구하지 않는다. 그것은 또한 갑작스럽게 다가오는 유혹에 대한 저항을 요구한다. 사도 바울은 다음과 같이 말한다.

몸은 음란을 위하지 않고 오직 주를 위하며 주는 몸을 위하시느니라 하나님이 주를 다시 살리셨고 또한 그의 권능으로 우리를 다시 살리시리라 너희 몸이 그리스도의 지체인 줄을 알지 못하느냐 내가 그리스도의 지체를 가지고 창기의 지체를 만들겠느냐 결코 그럴 수 없느니라 창기와 합하는 자는 저와 한 몸인 줄을 알지 못하느냐 일렀으되 둘이 한 육체가 된다 하셨나니 주와 합하는 자는 한 영이니라 음행을 피하라 사람이 범하는 죄마다 몸 밖에 있거니와 음행하는 자는 자기 몸에게 죄를 범하느니라 너희 몸은 너희가 하나님께로부터 받은 바 너희 가운데 계신 성령의 전인 줄을 알지 못하느냐 너희는 너희의 것이 아니라 값으로 산 것이 되었으니 그런즉 너희 몸으로 하나님께 영광을 돌리라(고전 6:13b-20).

그렇다면 성에 관한 영역에서 하나님의 거룩한 규범을 더럽혔다는 것을 깨닫게 되었을 때 어떻게 행동해야 하는가? 노년의 왕 다윗처럼 행할 수 있을 것이다. 그는 아마도 세속 세계에서 상당히 수용될 만한 도덕적 규범으로 자기 자신을 위로하면서 죄책감을 억눌렀을 것이다. 그러나 그는 갑자기 도덕적 추잡성에 대한 그의 느낌을 더 이상 피할 수 없었다.

죄를 인식했을 때 취해야 할 최선의 행동 과정은 우리아의 아내 밧세바와의 간통 사건 때문에 선지자 나단과 마주쳤을 때 다윗이 행한 예를 따르는 것이다.

나단은 "당신이 바로 그 사람이다"라고 말했다. 당신은 하나님의 순결한 법을 더럽히는 죄를 범한 사람이다.

다윗은 "내가 여호와께 죄를 지었다"라고 대답했다. 그는 더 이상 자신을 합리화하지 않고 즉시 잘못된 행동을 시인했다. 그는 자신의 죄를 여호와 앞에서 깊은 탄식으로 고백했다.

그 선지자는 "여호와께서 당신의 죄를 사하였다"고 대답했다. 그 죄는 영원히 제거되었다. 당신은 전적으로 회복되어 하늘의 아버지와 함께 교제할 수 있다.

그 선지자는 "당신이 여호와의 이름을 훼손하였기 때문에, 당신은 징벌의 심판을 분명히 받게 될 것이다"라고 계속 말했다. 여호와께서 행하시는 훈계적인 징벌들은 하나님의 자유로운 용서와 상충되지 않는다(삼하 12:7-14).

그러므로 예수 그리스도의 은혜 안에서 주어지는 죄에 대한 전적이고 자유로운 용서는 자신의 잘못된 행위를 겸손히 고백하며 믿음으로 나아오는 회개자에게 유용하다. 과거의 죄짐은 영원히 제거될 수 있다. 심지어 주님의 징벌은 치료와 건강을 제공할 수도 있다.

5. 성폭행

> 히위 족속 중 하몰의 아들 그 땅 추장 세겜이 그를 보고
> 끌어들여 성폭행하여 욕되게 하고(창 34:2).

두 명의 현대 "진화론적 심리학자"의 견해에 의하면, 성폭행은 폭력행위로 이해되는 대신에 인간의 진화론적 유산이 산출한 자연적이고 생물학적인 현상으로 이해되어야 한다고 한다. 그와 같이 성폭행은 사람이 자신의 씨를 뿌리는 일에 특별히 필사적인 남자들에 의해 행해진, 하나의 진화적인 교배전략의 예로서 인식되어야 한다는 것이다.[6] 이 입장이 널리 퍼지면서, 성폭력이 오늘날 진지한 관심의 대상이 된 것은 놀랄 일이 아니다. 결혼관계 안팎에서 여성들은 거센 폭력을 당하는 상황을 만난다. 데이트에서 발생하는 성폭행은 유행병 수준에 도달했다. 가장 부드럽게 대우 받기를 기대하는 바로 그 상황에서 때때로 여성들은 자신이 난폭하게 학대당한다고 생각한다.

세겜의 가나안인 왕자는 야곱의 딸 디나를 성폭행했다. 아마 디나에게 잘못이 전혀 없지는 않았을 것이다. 그녀는 자발적으로 "그 땅의 여인들"을 만나기 위하여 나갔다(창 34:1). 어떤 주석가는 "우리는 그녀가 그 도시의 청년을 보고자 하는 자연스런 욕망을 가지고 있었다고 볼 수 있다"

---

6) Randy Thornhill and Crag T. Palmer, *A Natural History of Rape*, *Guardin Weekly*, 6–12 April 2000, p. 23에 인용됨.

고 말한다.[7] 디나의 어리고 미숙함이 이 사건을 일으키는 요소의 한 부분이 된다. 그녀는 세 장(章) 뒤인 창세기 37장에서 17세로 소개된 요셉의 누이동생이었다. 이 장들이 반드시 연대순으로 배열되었다고 볼 필요는 없지만, 디나의 나이는 기껏해야 15세였던 것 같다.[8]

디나가 그 마을 여자들을 만나러 나간 일 그 자체가 잘못은 아니다. 그러나 그 족장 가족들이 그 땅에 도착하기 전에 그 곳에 거주하는 우상 숭배자들과 연합할 위험성에 대해서 반복적으로 경고받은 사실을 기억해야만 한다. 게다가 디나가 세겜의 왕자의 유혹에 저항하거나 투쟁했다는 아무런 기록이 없다. 그것은 그녀가 순진하여, 잘생긴 이방인이 부정한 관계로 이끄는 것을 허락했다는 것을 말한다.

그러나 어쨌든 히위 족속 하몰의 아들 세겜의 공격적 행동은 야곱의 가족에 의해서 의심의 여지없이 성폭행으로 간주되었다. 세겜이 디나에게 강압적으로 행동했든지, 아니면 부드럽게 행동했든지 간에, 그는 야곱의 딸을 더럽혔다. 세겜의 부친이 공손한 태도로 야곱을 방문했다는 사실은 그 상황에 대한 디나 오빠들의 평가가 옳았다는 것을 가리킨다. 그들의 여동생 디나는 성폭행을 당했었고, 힘센 이방인에 의해 멀리 떨어져 붙잡힌 상태였다. 협상이 정중하게 진행되는 동안 이 가혹한 사실은 잊혀질 수 없었다. 자의적이든지 강제적이든지 간에 동생 디나는 이방인 가나안인에 의해서 억류된 상태였다.[9] 그녀는 더럽혀진 후 붙잡혀 감금된 상태에 있었다.

---

7) G. Ch. Aalders, *Genesis, Bible Student's Commentary*(Grand Rapids: Zondervan, 1981), 2:154.
8) C. F Keil an F. Delitzsch, *Biblical Commentary on the Old Testament* (Grand Rapids: Eerdmans, n.d.), 1:311,은 그녀의 나이가 13세에서 15세로 추정한다.
9) Gordon J. Wenham, *Genesis 16-50*(Waco: Word, 1994), 2:312.

그 장면의 자비로움은 디나에 대한 세겜의 반응을 묘사하는 데 사용된 사랑의 언어에 의해 강조된다. 성경은 "그의 마음이 디나에게 끌렸다"고 말한다(창 34:3a*). "그는 그 소녀를 사랑했다", 그리고 "그는 그녀의 마음을 위로했다"(창 34:3b*)는 구절들은 그가 그녀와 나눈 성관계의 부드러움을 암시해 준다. 그가 곧바로 그 지역 책임 통치자인 부친에게 디나를 그의 아내로 얻을 수 있도록 강요한 사실은 그의 감정적인 몰두의 깊이를 반영해 준다(창 34:4). 세겜의 부친 하몰은 그 상황을 묘사하면서, 그의 아들이 "당신의 딸을 마음에 두어 연모한다"고 설명한다(창 34:8*). 그 말은 이스라엘 사람들이 그들이 정복한 사람들 중에서 아름다운 여인을 보고 연모하게 될 상황을 예기한다(신 21:11). 이 실례에서 그 왕자는 말하는 것을 스스로 억제할 수가 없다. 이미 관찰한 것처럼, "젊은 세겜은 자신의 행복이 위기에 처했기 때문에 가만히 입 다물고 있을 수가 없는 것이다."[10] 지참금이 아무리 많아도 그는 지불할 것이다(창 34:11-12).

그러나 육체적인 매력도, 마음에서 우러난 사랑도 결코 성폭행을 정당화시킬 수 없다. 한 사람이 다른 사람을 강요하는 것은 결혼관계 안에서조차 정당화될 수 없다. 이 경우 세겜은 "수치스러운 일을 행했다"(창 34:7). 세겜의 행동을 묘사하는 용어는 "가장 심각한 종류의 성적 악에 대한 고대의 표현"이라는 것이다.[11]

성폭행의 결과는 결코 아름답지 못하다. 성적 학대를 당한 사람의 정서적 충격은 측정할 수 없다. 비록 하나님께서 최악의 상황으로부터 복을 이끌어내실 수 있다 할지라도, 원하지 않는 아이라는 개념은 끊임없

---

10) Benno Jacob, *The first Book of the Bible: Genesis*(New York: Ktav, 1974), 232.

11) Von Rad, *Genesis*, 332

는 문제를 만들어낸다.

또한 성폭행은 정기적인 유혈사태와 전쟁이라는 추악한 결과를 가져온다. 처음 자신의 딸이 더럽혀졌다는 소식을 들었을 때, 야곱은 모든 일을 조용히 유지하기 위해 최선을 다했다. 여성 학대는 무죄한 한쪽 편에게조차도 어느 정도의 수치심을 초래한다. 어쨌든 그 말은 야곱의 아들들에게 들려졌고, 그들은 그 소식을 듣자마자 들에서 돌아왔다. 이 디나의 오빠들은 "슬픔과 분노로 가득 찼다"(창 34:7).

디나의 오빠들은 누이가 학대당한 것에 대해 당황스러워하면서 복수를 결심한다. 하몰과 아들 세겜이 디나를 아내로 삼기 위해 어떤 비용이라도 지불하겠다고 제안했을 때, 그의 형제들은 배반에 호소한다. 이 가나안 공동체의 모든 남자들이 할례 받는 데 동의하기만 하면, 두 그룹 사이에 통혼이 가능하게 될 것이다. 세겜의 부친은 성문에서 마을 사람들에게 그 말을 전했다. 그는 마을의 남자들이 통혼을 통해 궁극적으로 야곱 가족에게 속한 그 모든 것을 소유하게 될 것이라고 설득했다. 그러자 집단적인 할례가 시행되었다.

모든 가나안 남자들이 무력한 상태에 있을 때, 야곱의 아들 중에 시므온과 레위가 그들에게 복수하기 위해 이동했다. 디나가 "레아의 딸"로 명명된 것은 시므온과 레위가 그녀의 오빠라는 것을 의미한다(창 34:1). 그들은 여동생의 치욕을 복수하기 위하여 그 도시의 모든 남자들을 무자비하게 살해하고 세겜의 집에서 여동생 디나를 구출해냈다. 그 후 야곱의 모든 아들들은 그 여인과 자녀들, 그리고 가축을 취하면서 그 성읍을 약탈하는 데 합세했다.

아버지 야곱은 시므온과 레위의 과격한 행동이 미치는 광범위한 결과에 대해 이해하고 있었다. 그들은 야곱을 그 땅 거민에게 있어 악취와 같은 존재로 만들었다. 그들은 야곱보다 훨씬 더 강력한 힘을 가진 자들이었다. 만약 그 가나안 족속이 공격하기로 결정한다면, 그의 모든 가족은 파멸되고 말 것이다.

이 복수의 행동은 먼 미래에 영향을 주는 결과를 낳았다. 야곱이 그의 아들들에 대한 예언적 말씀을 선포할 때, 그는 레위와 시므온이 저지른 폭력 행위에서 스스로 멀리 거리를 두었다.

> 시므온과 레위는 형제요 그들의 칼은 잔해하는 기계로다 내 혼아 그들의 모의에 상관하지 말지어다 내 영광아 그들의 집회에 참예하지 말지어다 그들이 그 분노대로 사람을 죽이고 그 혈기대로 소의 발목 힘줄을 끊었음이로다 그 노염이 혹독하니 저주를 받을 것이요 분기가 맹렬하니 저주를 받을 것이라 내가 그들을 야곱 중에서 나누며 이스라엘 중에서 흩으리로다(창 49:5-7).

비록 시므온과 레위가 가문의 영예와 위엄을 지키려는 의도로 행동한 그 자신의 아들들이었다 할지라도, 야곱은 그들에 대해 예언적 저주를 선포한다. 그들의 격심한 분노는 언약의 표징으로서의 할례를 훼손한 동시에 무죄한 사람들을 살해하도록 했다. 결과적으로 이 두 아들의 후손들은 약속의 땅에서 영토를 전혀 갖지 못할 것이다. 대신에 그들의 후손은 다른 지파 중에 흩어지게 될 것이다.

하나님의 자비는 다른 지파들 전역에 흩어져 있는 특정한 성읍들을 레위 후손들을 위해 지정하심으로 나타난다(민 35:1-4; 레 25:32-34; 수 21:1-42). 그러나 시므온 지파는 유다에게 할당된 영토 안에 영구적으로 분산되어 살도록 요구되었다(수 19:1-9). 이미 약속의 땅에 들어가기 전 시므온의 군사는 시내산에서 59,300명이었는데, 모압 평지에서 22,200명으로 극적으로 줄어들었다(민 1:23; 참조, 26:14).

이 형제들은 자신들의 손으로 복수를 했으나, 여동생이 겪은 성폭행 문제를 해결하지 못했다. 대신에 그들은 큰 죄를 범함으로 문제를 더 악화시켰다. 칼빈은 다음과 같이 주목한다.

> 진정으로 세겜은 악하고 불경건하게 행했다. 그러나 야곱의 아들이 한 사람의 사적인 죄를 보복하기 위하여 모든 사람을 살해한 것은 훨씬 더 악한 일이다.[12]

"내 사랑하는 자들아 너희가 친히 원수를 갚지 말고 진노하심에 맡기라 기록되었으되 '원수 갚는 것이 내게 있으니 내가 갚으리라' 고 주께서 말씀하시니라"(롬 12:19). 폭력에 대한 보복 행위는 이전의 폭행이 만든 잘못을 전혀 제거하지 못한다. 하나님은 틀림없이 심판하시며, 인간 정부의 권세자들은 악을 행하는 자들을 벌하기 위하여 임명되었다(롬 13:1). 그들이 자신들의 책임을 이행하지 못한다면, 주님 자신이 그 행해진 잘못을 보복하실 것이다.

성폭행은 이 타락한 세상의 부분인 추한 현실들 중의 하나이다. 하나님의 백성도 완고한 죄인들 가운데서 살아가야만 하기 때문에 성폭행의 실례들은 발생할 것이다. 이 관찰은 성폭행의 악을 축소하기 위한 방법으로 의도되지 않고, 단지 타락한 인류 가운데 널리 퍼진 상황들에 주어진 그 불가피성을 주목하기 위한 방법으로 의도되었다. 단지 그리스도 안에 있는 하나님의 은총만이 이 같은 비극적인 상황에서 타당하게 반응할 수 있는 적절한 지혜를 제공할 수 있다.

---

12) Calvin, *Genesis*, 2:220.

6. 근친상간

우리가 우리 아버지에게 술을 마시우고 동침하자(창 19:32).

근친상간은 부모와 자녀 혹은 형제와 자매처럼 가까운 친족 사이에서 발생하는 성적 관계이다. 소돔과 고모라의 멸망 후 롯의 두 딸은 부친에게 술을 마시우고 동침하여 임신함으로써 그로 하여금 그들이 낳을 자녀들의 아버지로서의 역할을 하게 했다(창 19:30-38). 이 무렵에 롯은 아내가 없고, 그의 딸들은 남편이 없었다. 그들의 배우자 혹은 잠재적인 배우자는 모두 소돔과 고모라에 대한 하나님의 심판으로 멸망당했다. 그러나 아버지와 딸의 성관계를 금지하는 모세의 법률은 근친상간에 대한 하나님의 분명한 태도를 보여준다(레 18:17). 롯의 딸들은 자신들이 저주받은 공동체의 유일한 생존자이므로 그들과 결혼할 사람이 없다고 생각했을지도 모른다.[13] 어떤 주석가들은 두 여인이 연기에 휩싸인 저 아래의 대격변을 내려다보면서, 세상에 남아 있는 사람들이 단지 자신들밖에 없다고 결론 내렸다는 의견을 제시했다.[14] 아마도 롯의 딸들은 그 지역의 관습에 의해 그 속에서 결혼이 가능한 사회적인 뼈대가 될 그들의 특별한 공동체

---

13) Keil and Delitzsch, *Biblical Commentary*, 1:237.
14) E. A Speiser, *Genesis: Introduction, Translation, and Notes*〈Garden City, N.Y.: Doubleday, 1964〉, 145는 이 관점은 롯의 딸들의 행동을 비난하기보다 칭송하는 것으로 이끈다고 제안한다. 이 해석은 매우 설득력이 없다.

에서 그들과 결혼할 남자를 전혀 찾을 수 없다고 결론 내린 듯하다.[15]

어떤 사람들은 롯의 딸들의 행동을 정당화시키려 해왔다. 어떤 주석가는 이렇게 말한다.

> 성경의 입장에서 그 딸들의 행위는 그들의 영예를 위한 것이다. 그들은 성적 탐욕을 만족시키기 위해 행한 것이 아니라, 여인으로서 그들의 운명을 성취하고 그 가족을 보존하기 위해 행한 것이다… 그들은 그것을 위해 자신들을 희생했다. 그들의 행동은 장엄한 영웅주의를 증명한다.[16]

이 견해는 예수님께서 또 하나의 다른 성적 탈선에 관해 "본래는 그렇지 아니하니라"(마 19:8, KJV)라고 계속해서 말씀하신 것처럼 그 사실을 전적으로 간과한다. 창조 질서에서 하나님은 사람이 그 부모를 떠나 배우자와 한 몸을 이루어야 한다고 지적하셨다(창 2:24). 자녀들이 부모와, 혹은 부모들이 자녀와 성적 관계를 맺는 것은 전혀 합법적이지 않다.

롯의 딸들은 도덕적으로 부패한 소돔과 고모라의 환경에 크게 영향 받은 것처럼 보인다. "속지 말라 악한 동무들은 선한 행실을 더럽히나니"(고전 15:33). 결국 암몬과 모압 족속은 롯이 그의 두 딸과 가진 성행위의 결과로 태어난 후손들이다. 그들은 하나님의 백성 이스라엘과 영원한 적이 되었다. 결과적으로 그들은 10대 이상 영원히 여호와의 총회에 들어오는 것이 부정되었다(신 23:2-4).

근친상간의 죄는 하나님과 사람에게 불쾌한 것임에도 불구하고 현대사회에서 지속되고 있다. 사회발달의 관점에서 부모들의 자녀 학대는 억제

---

15) Von Rad, *Genesis*, 224.
16) Jacob, *The first Book*, 129.

되지 않고 있다. 사악한 인간의 마음은 세련된 현 시대에도 불구하고 감소하지 않고 지속되고 있는 것이다.

초대교회 시대에도 인간성에 대한 이런 과오가 나타났다. 사도 바울은 고린도전서에서 그런 성적 남용에 대한 적절한 반응을 설명한다. 그는 타락한 그들의 상황이 심지어 이방인 중에서도 일어나지 않는 일이라고 설명한다(고전 5:1). 이 경우는, 한 남자가 두 번째 아내를 가리키는 것으로 보이는 부친의 아내를 성적으로 취한다. 이 새롭게 형성된 사회에서 그 그리스도인들은 그에게 가장 애정을 품고 있는 것처럼 보이는 방식으로 반응했다. 그들은 범죄자를 비난하지 않고, 대신에 그들은 사랑의 한 표현으로서 그를 포용하며 교제했다. 그들은 아마 그 부끄러운 상황에 대하여 관대한 반응을 보인 일을 약간 자랑스럽게 여겼을지도 모른다.

따라서 그에 대한 사도의 반응은 의심할 여지 없이 고린도교회 그리스도인들에게 충격을 주었을 것이다. 그는 그들의 소문난 애정행각을 공공연히 비난했다. 바울은 공동체 안에 침투한 사악한 누룩을 지적했다. 만일 어떤 극단적 처방을 하지 않으면, 이 부도덕한 누룩은 전 교회에 퍼질 것이다. 그래서 바울은 자신이 그 현장에 없음에도 불구하고 사도의 권위로 그들을 책망했다. 그들이 함께 모일 때 바울은 영적으로 그들과 함께 있었다. 예수 그리스도의 권능의 임재로 말미암아 그는 이 범죄자를 사단에게 내어주어, 그 죄의 본성을 파멸시키고, 그리하여 그의 영이 주의 날에 구원받도록 하라고 그들에게 지시했다(고전 5:4-5).

근친상간의 죄 속에서 살아가는 사람은 하나님의 가족 가운데 자신의 자리를 요청할 수 없다. 부패한 죄로부터 구원받은 존재의 유일한 희망으로서 그들은 교회의 교제 밖으로 축출되어야만 한다. 자유롭게 하시는 하나님의 은총은 그들의 최종적인 구원의 전망을 허락하지만, 그러나 그것은 단지 그들의 죄가 부인될 때만 가능하다.

바울의 반응은 특별히 관용이 격언이 된 현대사회의 풍토에서 볼 때 지나치게 보일지도 모른다. 그러나 우리는 사도 바울이 그의 구원을 위해 남은 유일한 희망으로서 그 범죄자를 엄격하게 다루고 있다는 점을 주목해야 한다. 공동체의 연민으로만 양육되는 한 그는 아마 결코 자신의 죄를 회개하지 못할 것이고, 그러면 그의 영혼은 멸망할 것이다. 그러나 하나님께서 세우신 질서의 훼손이 적절히 다루어질 때, 모든 사람들을 위한 희망이 존재한다. 당신은 근친상간의 희생자일 수도 있고, 혹은 근친상간에 참여한 죄의식을 지니고 있을 수도 있다. 그러나 어떤 경우이든 그 치료와 도움 그리고 희망은 예수 그리스도 안에서 찾을 수 있을 것이다.

7. 동성애

■ ■ ■ ■ ■

> 그들이 눕기 전에 그 성 사람 곧 소돔 백성들이 무론 노소하고
> 사방에서 다 모여 그 집을 에워싸고 롯을 부르고 그에게 이르되
> 이 저녁에 네게 온 사람이 어디 있느냐 이끌어내라
> 우리가 그들을 상관하리라(창 19:4-5).

"남색"(sodomy)이라는 말은 현대사회에서 그 중요성을 상실했다. 그러나 그 악행의 실체는 오늘날 사회의 핵심을 계속해서 타락시키고 있다. 특별히 대중매체들은 악이 선한 것처럼 보이게 하고 선이 악한 것처럼 보이게 하기 위해 막대한 노력을 기울여 왔다. 하지만 남색은 계속해서 사회의 도덕 규범을 파괴시킨다.

"남색"이란 단어의 기원은 소돔의 거주민과 관계된 창세기 기사에서 발견된다(창 19:1-29). 아브라함의 조카 롯은 지역적으로 그곳이 매우 비옥한 계곡이었기 때문에 그 지역을 거주지로 선택한다. 그러나 화려한 환경에 비해 사람들의 중심은 창조자가 의도한 삶의 규범에서 떠나 있었다. 오늘날 세계의 많은 공원들이 동성애자들로 붐비는 것은 주목할 만하다.

창세기 내러티브에 의하면, 하나님은 요단 평지 도시에 퍼져 있는 악행의 정도를 확인하기 위하여 사자(천사)들을 보내셨다. 이 사자들은 다가오는 롯의 심판을 아브라함에게 알리기 위하여 행로를 멈추었다. 아브라함은 악인들 가운데 살고 있을지도 모르는 소수의 의인을 위하여 간구했

다. 여호와 하나님은 아브라함의 중재에 대한 반응으로, 만일그가 전체 인구 가운데 의인 10명만 찾는다면 소돔과 고모라를 파괴하지 않겠다고 약속하셨다(창 18:32). 하나님의 사자들이 그 도시에 도착했을 때, 그곳 거주민들 가운데 어느 누구도 그들에게 자신의 집에서 밤을 보내도록 초청하는 관습적인 환대를 보여주지 않았다. 그래서 이방인인 롯이 그들에게 자신의 집에 들어오라고 요청했다. 그런데 한밤중이 되자 많은 젊은 남자들과 노인들이 롯의 현관문을 두드렸다. 그들은 자신들이 그 방문자들을 "알도록" 그들을 내보내 줄 것을 요청했다(창 19:5). 이 경우에 동사 "알다"는 창세기 다른 곳에서처럼 "~와 성관계를 갖다"라는 뜻을 표현하는 완곡어법이다(참조, 창 4:1, 17, 25).[17]

사악한 행동을 일삼는 젊은이와 노인들로 구성된 이 공동체의 대담성은 뒤따르는 세대들 가운데 속담거리가 되었다. 1,000년 후 이사야는 그 자신의 세대에 있었던 혼잡을 이렇게 묘사한다.

> 그들의 안색이 스스로 증거하며 그 죄를 발표하고 숨기지 아니함이 소돔과 같으니 그들의 영혼에 화가 있을진저 그들이 재앙을 자취하였도다(사 3:9).

롯은 그들의 요구를 달래기 위해 결혼하지 않은(그러나 약혼 중인) 두 딸을 감당할 수 없는 군중들에게 제공한다.[18] 외견상으로 볼 때 롯의 손님들은 "그에게 있어 그 자신의 딸들보다 더 손댈 수 없을 정도로 소중한

---

17) D. Sherwin Bailey in *Homosextuality and the Western Christian Tradition*(Hamdenn, Conn.: Archon, 1975), 2-5. 이 구절에서 "알다"라는 동사는 성관계를 언급하지 않는다고 주장한다. 이 해석에 대한 철저한 반박 때문이다. Kidner, *Genesis*, 136을 보라.
18) Jacob, *First Book*, 125는 롯이 그들의 부패한 욕구들을 잘 알고 있기 때문에 자

자들이었다."[19] 그 군중들이 롯의 문을 부숴버리려 하자, 안에 있던 천사들이 모든 사람들의 눈을 멀게 하여 문을 찾느라 곤비하게 만들었다. 롯과 그의 딸이 살기 위해 그곳에서 도망한 후, 여호와 하나님은 그 도시와 그곳 거주민들을 불로 태워 심판하셨다.

창세기에서 동성애에 대한 두 번째 언급은 아들 함에 대한 노아의 저주와 관련된 내러티브에서 발견할 수 있을 듯하다. 홍수 후 노아는 포도를 경작했고 술에 취했다. 그때 함은 노아의 장막에 들어가 "그의 부친의 벌거벗음"을 보았다(창 9:22). 오경의 문맥에서 "(누군가의) 벌거벗음을 보다"라는 구절은 "…와 성적인 관계를 갖다"라는 의미를 전달하는 완곡한 표현이다(레 20:17; 참조, 레 20:18-19). 함이 그의 부친의 저주를 불러 일으키는 부친과의 동성애적 행위를 저질렀을 가능성이 매우 높다. 함의 부패한 행위는 저주의 가혹성을 설명할 것이다. 함의 아들 가나안이 함 자신보다 더 저주를 받았다는 사실은 성적인 죄가 미래 세대들에게 무서운 영향을 준다는 것을 보여준다. 결국 함의 저주받은 아들 가나안의 후손인 가나안 족속은 여호와께서 그들을 그 땅에서 추방시키도록 명령하지 않으면 안 되는 그런 악행을 저지르게 되었다. 그러나 함의 아들 중에 오직 한 명만이 그의 아버지와 똑같은 악행을 드러냈다는 그 사실에서 하나님의 은총이 보인다.[20]

신의 딸들의 제안을 진지하게 다루지 않았다고 주장한다. 그러나 롯이 소돔 공동체와의 계속적인 상호교류를 통해, 그의 도덕적 판단에 영향을 받을 만큼 소돔과 같이 부패했다고 생각할 수 있다.

19) Von Rad, *Genesis*, 218.
20) 아프리카 사람을 함의 후손으로서 저주 받은 공동체라고 생각하는 것은 성경에

결국 "남색"(sodomy)과 "남색자"(sodomite)에 대한 언급은 현재 어법에서 사라졌다. 정말이지 그것은 어쩌면 "동성애자"를 언급하는 것을 자제하는 훈련에 어울리는 말일지도 모른다. 그러나 성경적인 그림은 회개하지 않는 동성애자가 그의 죄로 인해 하나님의 진노 아래 서 있는 것으로 묘사하는 데 있어 아주 단호하다. 소돔과 고모라가 그들의 깊은 악행 때문에 파괴된 것처럼, 회개하지 않는 동성애자들은 그들의 죄악 때문에 결국 심판 받게 될 것이다.

새 언약의 관점에서 동성애에 대한 하나님의 입장은 로마에 있는 그리스도인들을 위한 사도 바울의 서신 속에서 찾을 수 있다. 때때로 "모든 죄들은 하나님의 시각에 동일하게 악한 것인가?"라는 질문이 생긴다. 일반적으로 이 질문에 대한 대답은 너무 부주의하게도 "그렇다. 모든 죄인은 하나님의 공평하신 시각에서 동등하게 악하다"라고 간주된다. 그러나 죄악은 아마도 수많은 요소들에 의해 악화될 것이다. 이전에 슬픔과 회개를 표현했으나 다시 반복적으로 행해지는 죄는 사람들을 첫 번째 넘어지게 했던 죄보다 더 악하다. 신실한 지도자가 교회 헌금을 훔치는 것은 이방인들이 주님의 것을 훔치는 일보다 훨씬 더 악하다.

유사한 방법으로 사도 바울은 사람이 범할 수 있는 가장 큰 악행 중에

근거한 것이 아니다. 분명히 함이 저주받았다기보다는 가나안이 저주받았다고 진술한다. 아들이 아버지보다 더 저주받아 그 죄가 위임되었다는 생각은 분명히 어려운 문제를 만든다. 그러나 그런 문제는 함보다 가나안이 더 저주받았다는 성경의 분명한 진술을 무시함으로써 해결되지 않는다. 이 주제에 관해 좀더 토론하기 위해서는 O. Palmer Robertson, "Current Critical Questions Concerning the 'Curse of Ham' (Genesis 9:20-27)," *Journal of the Evangelical Theological Society*(June 1998), 177-88을 보라.

동성애를 언급한다.[21] 바울은 인류의 성적 도착을 묘사하면서, 진리가 억압되고(롬 1:18), 하나님께 감사하지 아니하며(롬 1:21), 하나님의 영광을 버리지 형상으로 바꾸었다(롬 1:23)고 지적한다. 이런 죄 때문에 하나님은 인류를 깊은 악행에 내버려두셨다.

> 이를 인하여 하나님께서 저희를 부끄러운 욕심에 내어버려두셨으니 곧 저희 여인들도 순리대로 쓸 것을 바꾸어 역리로 쓰며 이와 같이 남자들도 순리대로 여인 쓰기를 버리고 서로 향하여 음욕이 불일듯 하매 남자가 남자로 더불어 부끄러운 일을 행하여 저희의 그릇됨에 상당한 보응을 그 자신에 받았느니라(롬 1:26-27).

현대 사회의 많은 사람들은 이 성경구절들이 제시하는 동성애에 대한 설명으로 인해 불쾌해질 것이다. 동성애는 부자연스런 상태, 불붙은 음욕, 부당한 행위, 도착(倒錯)으로 묘사된다. 정말로 동성애자들에 대해 사랑과 돌봄 그리고 이해를 보여주는 것은 매우 적절하다. 그러나 또한 동성애가 다른 죄들처럼 하나님의 진노와 저주를 받을 만한 특별히 악한 죄라는 것을 인식해야만 한다. 다른 죄인들처럼 동성애자들도 자신들의 죄를 회개해야 하고, 죄인들의 악한 행위 때문에 형벌을 받아 십자가에 달려 죽으신 죄없는 하나님의 아들 예수 그리스도를 믿어야만 한다. 현대 사회는 동성애자들을 수용하고자 필사적인 노력을 기울인다. 그러나 만약 그들 행위의 궁극적 결과들이 어떻게든지 깨끗해지지 않는다면, 이 사람들의 행동에 호의를 보일 수는 없다. 동성애는 "자연스러운" 어떤 것으로 간

---

21) Aalders, *Genesis*, 2:15는 소돔의 악함이 "극도에 도달했다"고 말한다.

주되어서는 안 된다. 사람들이 단순히 동성애 행위와 구분하여 동성애적 성향에 대해 죄의식을 품어서는 안 된다고 말하는 것은 옳지 않다.[22] 그릇된 일을 행하는 것이 단순히 마음속에 악을 품는 것보다 더 비난 받을 수 있긴 하지만, 그럼에도 불구하고 궁극적으로 사람은 그가 무엇을 행하는가와 마찬가지로 그가 누구인가에 따라서 판단 받게 될 것이다.

동시에 "동성애자를 위한 희망"은 예수 그리스도의 오심으로 말미암아 이 세상으로 들어온 복음의 총체적인 국면으로서 계속 제시되어야만 하는 메시지이다. 예수 그리스도 안에서 영생을 찾기 위해 다가오는 모든 사람들을 위해 그 문은 열려 있다.

---

22) David Atkinson, *The Message of Genesis 1-11*(Leicester: Inter-Varsity, 1990), 78.

제5장

성과 독신

■ ■ ■ ■ ■

1. 미혼
2. 고독
3. 홀로된 자

성의 시작

1. 미혼

> 사람의 독처하는 것이 좋지 못하니(창 2:18).
> 남자가 여자를 가까이 아니함이 좋으나(고전 7:1).

본래 결혼에 관한 창조 질서는 아주 분명하다. "사람의 독처하는 것이 좋지 못하니 내가 그를 위하여 돕는 배필을 지으리라"(창 2:18). 그러나 모든 사람은 삶의 한 시기 이상에서 독신 상태에 처하게 된다. 사람들은 초기 성인기 동안에, 그리고 이혼이나 배우자와의 사별 후에 홀로 있게 된다. 또한 전시(戰時)에 사람은 어떤 과업들을 위해 홀로 있게 된다. 하나님이 지명한 어떤 사람은 자신의 삶의 상당 기간 혹은 전부를 홀로 지낸다.

하나님의 형상으로 된 인간의 창조는 독신으로 있는 사람도 여전히 전적으로 하나님의 형상으로 되어 있다는 사실이 부인될 정도로, 반드시 남자와 여자의 관계로 연결되어야만 하는 것은 아니다. 매우 상세히 기록된 창세기 2장의 창조기사는 처음에 남자가 여자 없이 존재했음을 언급한다. 이 내러티브는 하나님이 그의 창조에 세우신 질서에 대한 진실되고 사실적인 기사이지, 신화적 이야기가 아니다.[1] 여자와 분리되어 첫 번째

---

1) Claus Westermann, *Genesis 1-11: A Commentary*(London: SPCK, 1984), 232은 반대의 의견을 제시한다.

로 창조된 남자는 여호와께서 홀로 있는 것이 "좋지 못하다"고 선언하셨다 할지라도, 전적으로 하나님의 형상이다(창 2:18). 본래적으로 남자가 창조되었을 때, 그 속에 있는 이 부족함은 그를 하나님의 형상에 있어서 다소 부족한 어떤 존재로 만드는, 그의 본질상 어떤 결핍을 가리키지 않았다. 대신에 그것은 사회적 피조물로서의 그의 기능과 관련하여 불완전함을 가리키는 것이다.

결혼 파트너 없이 사람이 홀로 하나님의 뜻 가운데서 완전할 수 있다는 가능성이 예수 그리스도의 생애 속에 생생하게 나타난다. 그는 어느 누구도 동등할 수 없는 완전함을 소유한 인간으로서 하나님의 영광을 드러냈다. 동일하지는 않지만 유사한 방법으로, 예수 그리스도에 의해 구속받은 모든 사람들은 시집 장가 가지 않았어도, 오는 시대에 하나님의 형상을 온전하게 반영할 것이다(마 22:30).

창세기 내러티브에서 여러 주요 인물들은 그들 삶의 중요한 부분을 홀로 지냈다. 이삭은 40세가 되어 리브가와 결혼했다(창 25:20). 그러나 지도자로서 부친의 삶의 패턴을 따라 살려 하는 노력에서 실패한 채, 에서 또한 40세에 두 가나안 여인과 결혼했다(창 26:34).

사람은 독신으로 살 때 어떻게 행동해야 하는가? 창조주 하나님이 세운 도덕 체계에서 성적 금욕은 독신자에게 필수적인 측면이다. 설령 그러고 싶지 않다 해도 사람들은 성관계 없이도 살 수 있다. 숨쉬지 않거나 먹지 않고, 또 잠자지 않고는 살 수 없다. 그러나 성관계 없이는 살 수 있다.

성경은 혼전 성관계(fornication)와 다른 사람의 배우자와 성관계(adultery)를 맺는 일에 대해 비난한다(출 20:14; 마 19:18; 고전 6:18; 10:8; 갈 5:19; 살전 4:3). 독신 상태에 있는 사람들이 임신과 성병을 피하기 위해 고안된 다양한 기법들을 사용하여 성관계를 갖지만, 그것이 성관계와 관련된 그들의 도덕적인 부정을 무효화하지는 못한다. 성적 결합을 통한 친밀성은 창조자가 세운 도덕적 기반을 요구한다. 하나님은 다른 모든 존재들과 구별되어 거룩하시며, 인간에 의해 보편적인 대상으로 취급되어서는 안 된다. 유사한 방식으로, 성관계의 결속은 두 사람을 다른 사람들로부터 떼어놓는다. 그들은 서로에게 "거룩"하고 구별되었기 때문에, 성적 친밀성 속에서 다른 누군가에게 접근하기 쉬운 보편적인 문제로 취급되어서는 결코 안된다.

하나님의 섭리로 독신 상태는 나쁜 것으로 간주되어서는 안 된다. 자기억제, 자기훈련, 자기 자신을 위해 책임을 다하는 기간들은 인격과 그 사람에 대한 확실성을 세워가는 효과를 낼 수 있다. 이 독신의 기간이 짧든지 혹은 오래 지속되든지 간에, 그것은 하나님과 개인적인 관계를 깊게 할 수 있다. 독신인 사람은 그의 구속자 그리스도와 사랑하는 하늘의 아버지 하나님의 손에 자기 인생의 중요한 영역을 위탁함으로써 뜻깊은 성장을 할 수 있다. 게다가 독신의 기간은 관계가 촉진될 수 있는 양성(both sexes)의 사람들과의 우정을 계발시키는 시간이 될 수 있다.

또한 성경에서 독신자들이 독특한 방법으로 주님을 섬기는 데 전적으로 헌신할 수 있다는 사실을 인식하는 것이 중요하다. 어떤 사람은 하나님으로부터 특별한 은사를 받아 전생애를 독신으로 살 수 있다. 사도 바울이 "사람이 결혼하지 않는 것이 좋다"(고전 7:1)고 한 것은 "사람이 홀로 되는 것이 좋지 못하다"(창 2:18)는 창세기의 진술과 나란히 동등하게 확언되어야 한다. 사도 바울이 언급한 것처럼, 결혼하지 않은 남자 혹은 여자는 오직 주님의 일에 관해서만 관심을 두게 되고, 그리스도의 큰 목적을 성취하기 위해 독특한 방식으로 자신을 위탁할 것이다. 그러나 결혼한 사람들은 자연스럽게 (또한 당연히) 그들의 배우자에게 관심을 두고 얼마든지 서로를 즐거워할 수도 있다(고전 7:32-35). 결과적으로 그들의 관심은 구분된다. 독신자들은 주님을 전적으로 섬기는 데 헌신하도록 하기 위해 주어진 독특한 기회의 장점을 온전히 활용하면서, 자신들의 상황을 하나님의 특별한 선물로 여겨야 한다. 독신 그 자체가 수도사나 수녀들의 경우 어떤 사람들에 의해 가정된 것처럼, 자동적으로 그들을 더 "거룩하게" 만드는 것은 아니다. 그러나 그것은 그들에게 주님과 그의 봉사를 위해 자신들의 정력을 전적으로 사용할 특별한 기회를 제공한다.

동시에, 태초에 세우신 창조자의 기본적인 계획은 독신이 규칙이라기보다 예외라는 것이다. 하나님은 그의 선하신 목적 가운데 사람이 결혼하여 살도록 각 사람들을 위한 완전한 배우자를 계획하셨다. 각 배우자는 모태에서 상대방 배우자를 위해 형성되었다. "남자에 상응하는" 조력자를 만드시겠다는 하나님의 원래의 선포는 주님 안에서 성립된 각 결혼의 경우에 특별히 적용될 것이다. 동시에 젊든지 나이가 들었든지 간에 독신의 기간을 두려워해서는 안 된다. 대신에 이 기간은 하나님의 특별하신 사랑의 약속으로 이해되어야 한다.

그러나 독신이지만 결혼을 깊이 생각하는 사람은 그가 결혼할 상대자를 지시하시는 하나님으로부터 특별계시를 기다릴 필요가 없다. 하나님께서 그 연합을 축복하실 것을 신뢰하고, 믿음 가운데 선택해도 좋다. 어떤 작가가 약혼과 결혼에 대해 깊이 생각하고 지적한 것처럼, 그의 장래 배우자와의 삶이 어떠해야 할 것인지를 정확하게 결정하려는 그의 수고는 헛수고로 판명되었다. 결국 그는 결혼 약속에 있어서 기본적인 요소는 미래에 대한 하나님의 명령을 신뢰하는 것이라는 사실을 깨달았

다.[2]

어떤 경우에도, 자신이 독신 상태에 있다고 생각하는 사람은 그 기간이 길든지 짧든지 간에, 그의 독신됨이 하늘에 계신 아버지의 사랑하심에 따라 명령된 것임을 믿음으로 받아들여야 한다. 분명히 독신 상황이 영원히 지속되지는 않을 것이다. 그것이 가능하다 할지라도 말이다.

---

2) Walter Wangerin Jr,. *As for Me and My House: Crafting Your Marriage to Last*(Nashville: Thomas Nelson, 1990), 23f.

2. 고독

> 그가 얼굴을 가리웠으므로 유다가 그를 보고 창녀로 여겨 길 곁으로
> 그에게 나아가 가로되 청컨대 나로 네게 들어가게 하라 하니
> 그 자부인 줄 알지 못하였음이라
> 그가 가로되 당신이 무엇을 주고 내게 들어오려느냐(창 38:12, 15-16).

    고독은 우리를 섹스로 이끌 수 있다. 유난히 고독한 사람은 이 영역에서 공격받기 쉽다. 큰 유혹들은 간음을 행하든지 혹은 좋지 않은 결혼을 재촉하든지 간에 남자와 여자 모두 외로운 사람에게 찾아온다.

    유다, 그는 궁극적으로 메시아적 왕이 그를 통해 오도록 계획된 야곱의 아들로서 가나안 여인과 결혼했다(창 38:1-2). 유다는 그의 자녀들을 통하여 대를 잇기 위해 다말을 장남의 아내로 삼았다(창 38:6). 여호와께서 이 아들을 그의 죄악 때문에 죽였을 때, 유다는 계대 결혼법, 즉 자식 없이 죽은 남편의 형제가 그 미망인과 결혼하여 그 남편의 이름이 유지되도록 하는 법을 존중하는 모습을 보여준다. 그래서 유다는 그의 죽은 아들을 위한 상속자를 낳기 위해 그의 둘째 아들을 다말과 결혼하도록 설득했다(창 38:8).[3] 그러나 둘째 아들은 그 자신이 중요한 유산을 강탈당할지

---

3) 계대결혼이란 용어는 남자가 자식이 없이 죽었을 때, 그의 형제가 죽은 형제의 이름으로 자식을 얻을 목적으로 미망인과 결혼하는 책임을 갖는 관습법을 가리킨다.

도 모른다고 예측하며 다말이 임신하지 못하도록 그의 씨를 땅에 설정했다.[4] 이 행동으로 인해 하나님은 둘째 아들 오난을 죽이셨다(창 38:8-10). 이 시점에 유다는 셋째 아들이 결혼할 나이가 되자, 다말에게 그 마지막 아들을 약속했다. 그러나 유다는 그의 약속을 성취하려는 진지한 의도가 없었다.

그 후 유다 자신의 아내가 죽었다.

유다는 사업차 여행하는 동안 외로움 속에서 길가에 있는 매춘부와 성관계를 맺도록 유혹 받았다. 그는 이 여인이 변장한 자신의 며느리 다말이라는 것을 인식하지 못했다. 아마도 다말은 그녀 자신이 상속받은 것의 일부였을지도 모르는 가나안 전통들에 의지하면서, 제의적 매춘부의 역할을 가장했을 것이다.[5]

다말의 임신이 알려지자 유다는 그녀를 불태워 죽이는 심판을 선언했다(창 38:24). 그때 다말은 유다가 그 아이의 부친임을 증명할 그의 지팡이와 도장을 보여주었다. 그러자 유다는 "그녀가 나보다 매우 옳다"(창 38:26)고 선포했다.

---

4) 유다의 둘째 아들 오난은 남성의 수음행위를 일컫는 "오난니즘"(onanism)이란 이름이 주어졌다. 그러나 주목했던 것처럼 이 내러티브에서 오난의 행동은 오난니즘이 아니라 혼잡한 성교(coitus interruptus)를 가리킨다. 그러나 내러티브는 오난의 실제적인 죄가 그의 죽은 형제를 위한 씨를 일으키는 것에 대한 자의적 거부였다고 밝힌다. 참조, Bruce Vawter, *On Genesis*(Garden City, N. Y.: Doubleday, 1977), 395.

5) Derek Kider, *Genesis: An Introduction and Commentary*(Leicester: InterVasity, 1967), 188f를 보라. 키드너(Kidner)는 "그런 것이 유다가 결혼한 세계였다"고 말한다.

다말은 유다의 아내가 죽은 후 "그녀의 손으로 그 법을 취할" 때까지 기다리라는 명령을 받았을지도 모르며, 그래서 유다는 그녀가 적자를 갖는 것을 보는 그의 책임을 다했을 것이다. 그러나 다말이 전적으로 유다보다 더 죄가 없었던 것으로 보이지는 않는다. 동시에 다말의 근본적인 동기가 단순히 자식을 원하는 이상의 것이었으리라고 추정할 수 있다.

다말은 유다의 장남과 결혼한 후 유다의 집에서 살았었다. 아브라함과 야곱은 모두 왕들이 그들에게서 나오리라는 것을 하나님의 계시를 통해 약속했었다(창 17:16; 35:11). 유다가 이 약속에 대한 기대를 그의 장남의 아내와 함께 공유했다고 가정할 수 있다. 아들을 가지려는 다말의 결정은 기본적으로 아브라함의 후손들 가운데 일어날 메시아적 기대를 발전시키는 가운데 발생했을 것이다.[6]

그렇게 하여 이 비정통적인 연합의 후손이 메시아에게로 인도하는 선택된 씨를 나르는 자가 되었다(참조, 룻 4:12, 18). 결국 다말은 마태복음에 기록된 예수 그리스도의 족보에 현명한 여인으로 기록된다(마 1:3).

의문의 여지 없이 고독은 섹스로 이끌 수 있다. 교제에 대한 필사적인 노력은 다소 덜 완전한 관계로 끝이 난다. 독신 상황에 있다고 생각하는 남녀는 이성과 친밀한 관계로 밀착되는 일에 대단한 관심을 갖게 될 것이다.

그것은 하나님의 은총을 기대하는 데 있어 결코 적절하지 않다. 유다와 다말 사건으로부터 발전된 축복은 모든 경우에 적용되는 필연적인 것은 아닐 것이다. 그러나 결코 절망이 그리스도를 믿는 자의 삶을 특징 지어

---

6) Benno Jacob, *The First Book of the Bible: Genesis*(New York: Ktav, 1974), 262를 보라.

서는 안 된다. 만일 그것이 하나님께서 사랑하시는 자녀들의 삶을 위한 그분의 완전한 뜻이라면 하나님이 정하신 시간에, 하나님이 정하신 방법으로 적절한 관계가 이루어질 것이다.

고독은 주님에 대한 관계, 그리고 또한 다른 사람들에 대한 관계에 있어서 특별한 성장을 위한 시간으로 받아들여질 수 있다. 고독은 마음속에서 결코 떠나가지 않을 것 같은 아픔을 일으키고 극도로 고통스러울 수 있다. 많은 친구들이나 가족들과의 바쁜 스케줄조차 고통을 전혀 경감시켜 주지 않는다. 그러나 개인의 삶 속에서 고독의 기간은 그의 자녀들을 위한 선한 의도로 가득 찬 주님의 약속으로 인식되어야만 한다. 이 환경은 삶의 방향에 대한 개인적인 고찰, 반성 그리고 평가를 위한 특별한 기회로 보아야 한다.

3. 홀로된 자

> 사라가 일백이십칠 세를 살았으니 이것이 곧 사라의 향년이라
> 사라가 가나안 땅 헤브론 곧 기럇아르바에서 죽으매
> 아브라함이 들어가서 사라를 위하여 슬퍼하며 애통하다가 (창 23:1-2).

현대 사회 대다수의 경우들의 유형과 대조적으로, 창세기는 배우자를 잃은 여자보다 배우자를 잃은 많은 남자들의 예들을 기록하고 있다. 아브라함, 이삭, 야곱은 모두 그들이 사랑한 내조자들보다 더 오래 사는 고통을 경험한다.

인간 삶의 유형 중에서 오랜 세월 동안 함께해온 아내를 잃은 남자만큼 처량해 보이는 상황은 거의 없다. 그렇게 오랜 동안 그는 매일의 생활과 격려를 위해 한 사람에게 의존해왔다. 그의 아내는 이웃과 가족, 교회, 사업에서 사회적 접촉을 위한 교량 역할을 해왔다. 그런데 이제 그는 갑자기 사회에 적응하지 못하는 혼자가 된다는 것, 종종 파티에서 홀로 남겨진 사람이 된다는 것, 그리고 어디에 포함될지, 상호작용을 위한 적절한 수단이 없는 사람이 된다는 것의 의미를 발견한다. 홀로된 여자들은 그들의 변화된 상황을 극복하기 위해 보다 더 갖추어진 것처럼 보인다. 그러나 사별의 고통은 매우 커서, 다른 재정 상황이 야기한 문제들은 일반적으로 여성에게 더 크게 느껴진다.

홀로된 자의 상태에 대한 반응들은 매우 다양할 수 있다. 아브라함은

사라가 죽었을 때 깊이 슬퍼했다(창 23:1-2). 그러나 그의 삶에 있어 비교적 이른 시기에 그두라와 결혼했을지라도 그는 외관상으로 다시 결혼했다(창 25:1-4). 이삭은 사랑했던 리브가가 죽은 후 재혼했다는 말이 전혀 없다. 그것은 이삭이 일부다처의 관계 속에 있었다는 것을 지적하는 말이 성경에서 전혀 발견되지 않는다는 사실과 어울린다. 야곱은 라헬과 레아를 장사함으로써 이중의 짐을 졌다(창 35:19-20; 49:31). 이 각각의 경우에, 홀로된 남자들은 수십 년 동안 혼자 살았다. 배우자를 상실한 고통에도 불구하고, 그들은 하나님의 은총으로 믿음을 보존하고 하나님의 나라에서 자신들이 유용하게 사용되도록 했다.

창세기에서 홀로된 자의 생활을 보여주는 다른 경우들은 보다 부정적인 결과로 나타난다. 유다는 홀로된 외로움 속에서 사업차 여행하는 동안 매춘부의 유혹에 굴복했다(창 38:12-19). 아브라함의 친족 롯도 유황과 불의 심판으로 소돔과 고모라가 파괴되었을 때 그의 아내를 잃은 후, 그의 두 딸들에 의해 너무 많은 포도주를 마시도록 유혹 받았다. 그는 반의식 상태에서 딸들과 성관계를 맺어 딸들이 출산한 아들들의 아버지가 되었다(창 19:30-38). 외로움, 그리고 홀로됨과 관련된 욕구는 심각한 죄로 타락할 수 있다.

홀로된다는 것의 경험은 다양한 과정을 겪는다. 종종 사랑하는 배우자가 오랫동안 쇠약해지는 병에 걸린다. 당신의 인생 동반자가 점차적으로 퇴화하고 비틀거리며 약해지는 것을 바라보는 것은 얼마나 고통스러운가! 의사로부터 진료소로, 이 약에서 저 요법으로 두루 서둘러 다닌다. 그러나 결국 피할 수 없다는 것을 인식해야 한다. 그리고 나서 실제로 이별의 시간을 경험해야만 한다. 가족과 친구들이 모여든다. 그리고 그들 역시 떠나가 버린다. 이별의 무게가 가득 밀려오고, 그가 사는 모든 공간에 공허함이 스며든다. 마침내 삶의 모든 국면으로 침입하는 고독을 지우기 위하여 계획된 일상을 만들어낸다. 혼자 걷고, 혼자 먹으며, 혼자 집으로 돌아가는 일, 혼자 있는 것은 홀로된 자들에게 주된 요소가 된다.

그러나 그리스도를 믿는 자는 결코 혼자가 아니다. 만일 온전한 믿음이 매일 훈련된다면, 홀로됨의 시간은 주님께 보다 가까이 나아가며 성장하는 기간이 될 수 있다. 이별의 시간과 장례식에 참석할 때조차 부활의 믿음을 통해 승리의 순간이 될 수 있다. 시편 기자가 말하는 것처럼 "내 부모는 나를 버렸으나 여호와는 나를 영접하실 것이다"(시 27:10). 어떤 이들에게는 눈물의 시간이 여러 해 지속될 수 있다. 그러나 그리스도를 아는 것이 목숨보다 더 낫다는 것을 받아들인다면, 그런 시간조차 값진 것이 될 수 있다.

사도 바울은 홀로된 자에게 현명한 충고를 했다. 그의 말들이 특별히 여성들을 향한 것일지라도, 기본 원리들 가운데 어떤 것들은 홀로된 남자들에게도 마찬가지로 적용될 수 있다. 젊어서 홀로된 자는 재혼하면 복음의 대적이 비방할 근거를 갖지 못할 것이다(딤전 5:14). 의지해야 하는 미망인에게는 가족이 도움이 되어야 한다(딤전 5:4, 8, 16). 도움을 줄 수 있는 가족이 없을 때는 교회가 기본적인 대비를 해야 한다(딤전 5:9-10). 이 제도는 공동체의 힘과 위로로 홀로된 자들을 감싸주는 효과를 갖는다. 결과적으로 그들은 홀로 남지 않고 새로운 환경 속에서 살아가는 방법을 발견하게 된다. 동시에 믿는 자들의 공동체는 홀로된 자들을 그들의 교제 속에 보다 완전한 일원으로 삼는 축복을 경험한다.

성경 전체를 통해서 볼 때, 홀로된 자들은 주님의 특별한 돌보심을 받는 것으로 나타난다. 하나님은 홀로된 자들이 어떤 불공평이나 억울함으로부터 보호받도록 그분의 특별한 관심을 표현하신다(출 22:22; 신

10:18; 24:17, 19-21; 26:12-13; 27:19; 시 146:9). 사람들은 종종 최근에 홀로된 사람으로부터 뒤로 물러서려는 경향이 있다. 오랫동안 친했던 친구들조차도 홀로된 친구와 교제를 지속하는 데 거북함을 느낀다. 왜냐하면 그들은 부부동반으로 모이는 사회적 관계를 형성해 왔기 때문이다.

 홀로된 사람에게는 어떤 것도 더 나쁠 것이 없다. 그들에게서 물러나는 대신에 그들을 포함시키라! 특별한 노력을 하라. 그들을 식사에 초대하라. 만일 그들이 당신의 첫 초대를 거절한다면 다시, 거듭해서 그들을 초청하라. 특별한 초청이 없이도 그들이 당신의 집을 방문할 수 있다고 느끼게 하라. 그들의 특별한 딜레마를 의식하라. 만일 그들의 집에 새 지붕이 필요하다면, 그들에게 도움을 주라. 만일 그 자녀들이 병들거나 운송을 필요로 한다면, 그들을 도와주라. 당신의 자녀들이 그들의 자녀가 되게 하라. 그것이 당신에게 불편을 끼친다 할지라도, 그들이 "충분히 이용할 수 있게" 하라. 홀로된 자들을 위해 이런 일들을 행하는 가운데 당신은 그들의 무거운 짐을 덜게 될 것이고, 그렇게 함으로써 그리스도의 법을 성취하게 될 것이다.

 성경 선제에서 가장 아름다운 이야기들 중 두 개는 홀로된 자에게 초점이 맞추어져 있다. 보아스는 룻의 전 남편의 이름으로 그 가족을 보존하기 위하여 미망인 룻과 결혼한다(룻 4:10-13). 그리고 다윗은 여호와께서 아비가일을 무뚝뚝한 남편 나발의 죽음을 통해 자유롭게 하신 후, 그 현명하고 아름다운 미망인과 결혼한다(삼상 25:36-42). 예수님의 결례의 날에 성전에서 그 어린아이를 만났던 미망인 안나가 있었다. 그녀는 겨우 7년간의 결혼생활을 했고, 이제 84세가 되었다(눅 2:36-37). 그녀는 미망인으로 약 60년 정도를 보낸 것으로 추정할 수 있다. 그러나 그녀는 미망인 생활의 마지막 단계에서 아기 그리스도를 환영하고, 그로 인해 하나님께 감사하며 구속자로서 그의 역할을 믿는 모든 자들에게 증언하는 특권을 누렸다(눅 2:38).

　이 각각의 실례 속에서 하나님은 미망인의 상실감을 하나님의 시간에, 하나님의 방법으로 보상하신다. 오늘날 홀로되어 어려운 상황 속에 있는 사람들은 이 사실을 마음에 새기고 하나님에 대한 신뢰를 유지해야 한다. 젊든지 늙었든지 간에 만일 당신이 홀로되었다면, 결코 당신의 삶이 끝났다고 결론 내리지 말라. 당신이 매우 사랑한 배우자를 잃었을 때조차도 주님은 그분이 정하신 시간에 그분의 선하신 목적을 보여주실 것이다.

제6장

성과 인생의 마지막

■ ■ ■ ■ ■

1. 무덤은 종말이 아니다

성의 시작

1. 무덤은 종말이 아니다

■ ■ ■ ■ ■

아브라함의 향년이 일백칠십오 세라 그가 수가 높고 나이 많아
기운이 진하여 죽어 자기 열조에게로 돌아가매 그 아들 이삭과 이스마엘이
그를 마므레 앞 헷 족속 소할의 아들 에브론의 밭에 있는 막벨라 굴에
장사하였으니 이것은 아브라함이 헷 족속에게서 산 밭이라
아브라함과 그 아내 사라가 거기 장사되니라(창 25:7-10).

가족 매장지는 이생의 마지막에 남편과 아내를 함께 묻는다. 창세기는 이 사실을 여러 족장들의 경우에서 보여준다.

아브라함과 사라는 갈대아 우르를 떠났을 때 이미 결혼한 상태였다(창 11:31b). 그들이 우르에서 얼마나 오랫동안 결혼생활을 했는가? 성경은 말하지 않는다. 그러나 그들이 가나안으로 떠날 무렵 신혼기는 아니었던 것으로 보인다. 그들은 가나안으로 가는 도중 하란에 잠시 정착했다(창 11:31c). 그들은 하란에서 얼마나 살았을까? 성경은 말하지 않는다. 그러나 그들이 마침내 하란을 떠날 때 아브라함은 75세였다(창 12:4). 만약 아브라함이 40세에 결혼했다면, 그와 사라가 가나안으로 가기 위해 하란을 떠날 때 이미 결혼한 지 35년이 되었을 것이다. 사라는 아브라함보다 10년이 젊으므로, 그들이 하란을 떠날 때 그녀는 65세였음이 틀림없다(참조, 창 17:1, 17). 사라가 127세에 죽었으므로 그 부부는 하란을 떠난 후 62년에 걸쳐 결혼생활을 했다. 만일 우리가 그들이 우르를 떠나기 전에

결혼생활을 한 기간, 그들이 하란에서 보낸 기간, 그리고 가나안으로 여행한 기간을 계산해 보면, 그들은 틀림없이 70년은 족히 넘는 기간 동안 연합된 부부로 살고 있었다. 그들은 그 모든 시간들을 통해 서로에게 얼마나 친밀해졌겠는가. 아마 그들은 결혼생활 50년이라는 긴 시간 동안 아이가 없었으므로 오직 서로에게 관심을 기울였을 것이다.

그러므로 아브라함은 아내를 잃은 상실감이 얼마나 깊었겠는가. 죽은 아내를 위해 이 고대 족장이 엎드려 슬퍼하며 애통하는 장면은 얼마나 감동적인가!(창 23:1-2).

사라가 죽은 순간, 이 모든 기간들을 통해 아브라함의 현존에 있어서 땅이 없다는 특성은 그에게 가장 강력한 충격을 주었을 것이다. 아브라함은 그의 후손이 하늘의 무수한 별처럼 많아질 것이라는 하나님의 특별한 약속에도 불구하고, 사라와 함께 수십 년 동안 아들이 없는 긴장을 참아야 했다. 그러나 지금 그는 그 땅 전체를 소유하게 될 것이라는 주님의 반복된 언약에도 불구하고, 그가 아무것도 소유한 것이 없다는 이 안타까운 현실을 홀로 감당해야만 했다. 아마도 바로 이 순간, 즉 사라의 죽음의 순간은 "더 나은 본향"(히 11:16) 곧 천상의 것을 바라보도록 요구한 시기였을 것이다. 아브라함이 땅을 가지고 있지 않았기 때문에, 하나님이 그를 위해 땅을 가지고 계셔야 한다.

아브라함은 그가 사랑한 아내의 시신을 위해 무엇인가 해야만 했다. 그러나 60년 이상 동안이나 가나안 땅 이곳 저곳을 돌아다녔지만, 그는 사라의 시신으로 하여금 어느 정도 품위 있게 쉬게 할 수 있는 한 조각의 땅도 소유하지 못했다.

그 장면은 상당히 애처롭다. 아브라함이 슬퍼할 때 이웃사람들이 주변에 모여들었다. 죽은 아내 곁에서 일어나자 아브라함은 이웃 헷 족속에게 말하기 시작한다. 하지만 그가 무엇을 말할 수 있겠는가? 그는 이방 땅에서 이방인으로 살고 있었다. 그는 가족을 위해 자신의 위엄을 유지하고 싶을 때조차 단지 그들의 이해만을 요청할 수 있었다.

> 나는 당신들 중에 나그네요 우거한 자니 청컨대 당신들 중에서 내게 매장지를 주어 소유를 삼아 나로 내 죽은 자를 내어 장사하게 하시오(창 23:4).

아브라함은 중동(中東) 지방의 정중한 거래 과정을 진행하면서 우선 그 땅을 "선물"로 받는 것을 거절했다. 그것은 실제로 그가 그 땅을 결코 무료로 제공받지 않겠다는 의도로 보인다. 에브론은 오직 거래 과정을 시작하려 했다. 그러자 아브라함은 그의 목적에 적합한 굴만 구입하려고 시도한다. 그러나 에브론은 그 합의에 그 땅도 포함되어 있다고 주장한다. 어쩌면 아브라함은 이 과정의 결과로서, 그 공동체의 땅 소유자로서 그에게 부여될 어떤 사회적인 책임들을 이행하도록 강요당하고 있었을지도 모른다. 그는 또한 이 작은 땅덩어리를 위해 터무니없어 보이는 값을 지불하도록 유도되고 있었다.[1] 그러나 그는 어떤 대가를 지르더라도 사랑하는 사라를 매장하기 위해 적합한 장소를 갖고 싶어 했다.

어쨌든 가족 매장지를 획득했고, 사라는 그 첫 번째 점유자가 되었다. 그 장소는 중요한 곳이다. 헤브론(마므레)은 아브라함이 가나안 땅에서 하나님께 단을 쌓았던 첫 번째 장소들 중의 하나였다(창 13:18). 그곳은

---

1) G. Ch. Aalders, *Genesis, Bible Student's Commentary*(Grand Rapids: Zondervan, 1981), 2:59는 고고학적 발견으로 결정된 땅값의 비교에서, 400세겔은 아브라함이 엄청난 고가를 지불했음을 알려준다. 힛타이트 족속 에브론은 아브라함의 절망적 상황을 이용해서 충분한 이익을 취했다.

팔레스틴 남부 가장 높은 산등성이에 위치하여, 동쪽으로는 사해 구릉지를 가로질러 뻗어 나가는 광활한 경치를 내려다보며, 날씨가 좋은 날이면 서쪽으로 지중해 해변이 보인다. 바로 이 장소는 계속되는 성경 역사 속에 반복적으로 두드러져 나타나는 운명이 된다. 즉 그곳에서 다윗이 처음으로 왕이 되었고, 그 후 슬프게도 다윗의 아들 압살롬이 부친의 보좌를 강탈하기 위하여 그곳에서 반역 행위를 개시했다(삼하 2:1-4; 15:7-10).

사라가 죽은 지 37년 후에 아브라함 자신도 죽었다. 그의 아들 이삭과 이스마엘이 그의 장례를 치르기 위해 모였다. 그들은 아브라함을 마므레 근처 막벨라 굴, 즉 아브라함이 힛타이트 족속에게서 산 동일한 장소에 장사했다. "그곳에 아브라함은 그의 아내 사라와 함께 장사되었다"(창 25:10). 그들은 생전에 연합되었고, 죽음으로 다시 한번 연합되었다.

이 거룩한 장소는 아브라함과 사라만을 위한 최종 안식처가 아니었다. 이삭과 리브가 또한 같은 장소에 나란히 장사되었다(창 35:27-29; 49:31). 야곱은 애굽에 있을 때, 바로 이 장소로 운송되어 그의 아내 레아와 함께 묻히게 해달라고 요구했다(창 49:29-32). 애굽에서 70일 동안 야곱의 죽음을 슬퍼하며 지냈고, 애굽의 관습을 따라 그의 시신을 방부처리 하느라 그 기간 중의 40일을 보냈다. 장례 준비가 완료된 후 관리들의 전체 수행원단이 시내광야를 거쳐 가나안 땅까지 요셉, 그리고 그의 형제들과 동행했다. 거기서 야곱은 아브라함이 여러 해 전에 매장지로 산 헤브론에 있는 바로 그 동굴에 장사되었다(창 50:7-9, 12-14).

하지만, 왜 그랬을까? 왜 야곱은 애굽에 묻히기보다 약속의 땅에 묻히기를 주장했는가? 그의 그러한 동기의 일부는 그가 조상들의 가족 무덤에 정서적인 애착을 가졌기 때문임에 틀림없다. 그러나 그의 결정은 틀림없이 족장들에게 주어진 땅의 소유에 대한 하나님의 약속들에 뿌리를 둔 소망에 기초하고 있을 것이다. 그들은 신실하신 언약의 하나님이 그들에게 말씀하신 그 약속의 개인적 성취를 결코 경험하지 못했다. 그들의 하나님이 그분의 약속에 불성실하신 분이라고 판명되든지, 혹은 그들이 바로 하나님께서 말씀하신 것처럼 그 약속들의 실현을 경험하게 될 날이 오든지 둘 중의 하나일 것이다. 그들 자신이 그 약속을 소유하는 즐거움을 경험하게 될 것이라는 여호와의 말씀은 매우 분명했었기 때문에, 단순히 그들의 후손이 땅을 소유하기에는 충분치 않았다. 결과적으로 부활신앙의 씨앗이 분명히 첫 족장들의 마음속에서 발전되었다. 히브리서 기자가 다음과 같이 말하듯 말이다.

> 이 사람들은 다 믿음을 따라 죽었으며 약속을 받지 못하였으되 그것들을 멀리서 보고 환영하며 또 땅에서는 외국인과 나그네로 증거하였으니 이같이 말하는 자들은 본향 찾는 것을 나타냄이라(히 11:13-14).

믿음의 논리는 저항할 수 없다. 하나님은 족장들에게 분명한 약속을 주셨다. 이 약속은 족장들의 생애 동안에 성취되지 않았다. 하나님은 거짓말을 할 수 없으시다. 그러므로 족장들에게 하신 하나님의 약속은 미래의 어느 날 반드시 성취되어야만 한다.

그 약속의 성취가 지연되는 이유는 히브리서 11장에 설명되어 있다.

> 이 사람들이 다 믿음으로 말미암아 증거를 받았으나 약속을 받지 못하였으니 이는 하나님이 우리를 위하여 더 좋은 것을 예비하셨은즉 우리가 아니면 저희로 온전함을 이루지 못하게 하려 하심이니라(히 11:39-40).

하나님은 그 약속들을 소유하는 데 있어서 처음부터 새 언약의 신자들이 옛 언약의 신자들과 함께 연합되어야 하도록 계획하셨다. 그러므로 옛 언약의 신자들은 우리와 연합될 수 있는 미래의 그 날까지 구속의 약속을 충분히 소유하도록 기다려야만 했다.

그 날까지 결혼을 통해 발생하는 그 연합은 결코 이해될 수 없는 하나의 신비로 남는다. 두 사람은 정확한 설명을 불가능하게 하는 방식으로 하나가 된다. 예수 그리스도의 은혜로 인해 이 연합은 해를 거듭할수록 더욱더 부요해질 것이다.

그러나 죽음에서는 무슨 일이 일어나는가? 인생의 많은 시간을 함께 함으로써 점진적으로 깊어진, 육체적이고 정신적이며, 정서적이고 영적인 차원들을 지닌 이 깊은 연합에 대해 영원에서는 무슨 일이 일어나는가? 이것 역시 놀라운 신비이다.

예수님께서 결혼 문제에 대해 확고하게 교훈하셨지만, 천국에는 결혼이 없을 것이라는 개념 때문에 많은 사람들이 상당히 혼란스러워한다. 어떤 사람들은 만일 그들이 전 생애 동안 가장 가까웠던 한 사람과의 독특한 지속적 관계가 부정된다면, 영원의 세계에서는 "속게" 될 것이라고 생각한다.

사람들은 이해할 만하게도, 다가올 생에서 남편과 아내의 지속적인 관계에 관한 문제와 투쟁한다. 슬퍼하는 배우자를 지탱해 주는 놀라운 진리 가운데 하나는 미래의 어느 날에 일어날 재연합에 대한 기대이다. 열다섯 번째 결혼 기념일을 보낸 후 한 달 만에 죽은 남편을 위해 한 그리스도인 아내는 이러한 기대를 아름답게 표현했다. 친구에게 보내는 크리스마스 편지에서 그녀는 이렇게 쓰고 있다.

이 크리스마스는 나에게 깊은 감동을 주는 날 중 하나이다. 매우 슬프고 매우 기쁘다! 그 슬픔은 해롤드(Harold)가 백혈병으로 짧게 투병한 후 9월 22일에 죽었기 때문에, 나는 그가 헤아릴 수 없을 정도로 그립다. 그 기쁨은 다양하다. 즉 그가 우리의 주님이시요 구원자이신 예수 그리스도와 함께 있다는 것이다. 우리는 그분의 출생을 축하한다. 그는 병에서 자유롭다. 그리고 나는 다시 그를 볼 것이다.

이 땅에서 사는 동안 서로에게 위임했던 배우자들이 서로를 다시 보게 되는 그 영광의 순간에 무엇을 기대할 수 있겠는가? 만약 부활 시의 사람들이 "결혼도 하지 않고 결혼 가운데 있지도 않는"(마 22:30, KJV) 천사들과 같이 된다면, 영원한 세계에서는 이 관계를 얼마나 정확히 설명할 수 있겠는가?

마음속 깊이 일어나는 이 질문에 대한 최선의 대답을 하나님의 영감으로 바울이 기록했다. "하나님이 자기를 사랑하는 자들을 위하여 예비하신 모든 것은 눈으로 보지 못하고 귀로도 듣지 못하고 사람의 마음으로도 생각지 못하였다 함과 같으니라"(고전 2:9*). 사도 요한은 하나님의 영감을 받은 통찰을 이렇게 덧붙인다. "사랑하는 자들아 우리가 지금은 하나님의 자녀라 장래에 우리가 어떻게 될 것은 아직 나타나지 아니하였다"(요일 3:2, KJV). 하나님이 이것들을 그분의 영으로 우리에게 계시하셨다는 것을 바울이 계속해서 말하는 것은 사실이다(고전 2:10). 그러나 자신이 부활 시에 "신비"로 일어나게 될 신체적인 변형에 관해 말한다(고전 15:51).

구속받은 자들에게 다가올 삶은 영원에서 영원으로 뻗어가는 하나님의 장대한 계획의 절정 단계를 표현하기 때문에, 어떤 신비한 것으로 간주되어야 한다. 미래의 변형의 이 절정적인 특징 때문에, 하나님의 전체 목적이 그 시간에 앞서 미리 인류에게 계시되지 않았다는 것은 놀랄 일이 아니다. 대신에 그 경험 자체는 주님의 절정적인 사역의 놀라움을 전달할 것이다. 우리들에게 상세히 알려질 수 없다 할지라도, 소망은 우리가 상상하는 것이 무엇이든지 존재하게 될 그 실체가 상상을 능가할 것이다.

　우리는 이 장대한 하나님의 계획 때문에 함께 사는 남편과 아내가 영원히 서로 간의 교제를 즐길 것이라는 사실을 알 수 있다. 도래할 세계에서 결혼하거나 결혼생활 가운데 있을지라도, 서로간에 완전하고 풍요로운 방식으로 영원한 즐거움을 누리게 될 것이다. 현 시대에 알고 있는 것처럼 도래할 시대에는 결혼을 경험하지 않게 된다 할지라도, 미래의 영원한 시대를 통하여 믿는 자들 가운데 놀라운 교제를 즐기게 될 것이다. 이 경험에 있어서 독신이든 결혼한 사람이든지 누구나 조금도 불만하지 못할 것이다.

결 론

성은 하나님께서 인류에게 주신 가장 위대한 선물들 중의 하나이다. 인류는 이 선물을 통례적으로 오용한다. 그러나 예수 그리스도 안에 있는 하나님의 지혜와 은총은 타락한 세계 속에서 그 회복의 방법을 보여 준다.

창세기는 이 웅대한 주제를 다루는 데 매우 철저하고 탁월하다. 현대인들은 제안하는 모든 궤변들에도 불구하고, 시작들의 책에 계시된 대로 하나님의 질서에 충실한 방법을 잘 따라야 한다. 그러면 그는 이생과 도래할 생, 모두에서 하나님의 충만한 복을 경험할 것을 기대할 수 있다.

성경 색인

창세기

1:28	5, 18, 19, 102
2	151
2:3	5
2:4	6
2:18	15, 24, 151, 152, 153
2:20	15
2:21-22	15, 24
2:21-23	15
2:22	15
2:24	19, 28, 111, 139
3:15	55, 112
3:15-19	113
3:17	90
4:1	143
4:8	107
4:16-17	107, 108
4:17	107, 108, 143
4:19	109
4:20-22	110
4:23-24	109
4:25	113, 143
5:1	6
5:3	107
5:4	108
5:29	113
6	54
6:1-2	50
6:2	25, 50
6:4	50
6:5	55
6:9	6
6:17	83
6:18	83
7:1	84
9:1	102
9:22	144
10	88
10:1	6
11	88
11:10	6
11:27	6
11:30	88, 89
11:31	167
12:4	167
12:10-20	114
12:18	114
13:18	169
16:1	89
16:1-4	74
16:2	46, 89, 90
16:2-3	47
16:3	90
16:4	47
16:5	47, 75
16:6	75

16:7-8	95	21:17	95, 97	25:19	6
16:7-10	76	21:20	96, 97	25:20	63, 152
16:9-10	95	21:21	97	25:21	92
16:10-11	97	21:22-25	105	26:34	26, 63, 64, 152
16:11	96	23:1	79	26:34-35	43, 61
16:12	96	23:1-2	160, 161, 168	26:35	64
17:1	167	23:4	169	26:46	64
17:7	83, 84	24	33	27:46-28:3	27
17:8	85	24:3-4	25	28:1-2	64
17:16	158	24:12-14	26	28:6-9	64
17:17	79, 167	24:27	34	28:8-9	26, 43
18:1-2	54	24:45	26	29:16-26	67
18:10	116	24:50	27	29:20	32
18:12	92	24:51	25	29:23-25	27
18:14	92, 94	24:55-58	25	29:28	26
18:32	143	24:63	36	29:30	39
19:1-29	142	24:67	26, 36, 37	29:31	28, 67, 68, 92
19:4-5	142	25:1	79, 80	29:31-30:24	47
19:5	143	25:1-4	161	29:32	28, 68, 70
19:30-38	138, 161	25:5-6	80	29:33	28, 69
20	114, 115	25:6	26, 80	29:34	69, 70
21:8-13	77	25:7	79	29:35	69
21:9	77	25:7-10	167	30:3	26
21:9-19	96	25:10	170	30:3-4	119
21:14	76	25:12-18	97	30:8	48, 70, 119

30:9	26	37:2	6	49:10	122
30:15	69, 70, 111	37:4	48	49:22	122
30:20	70	38:1-2	156	49:25	122
30:22	92	38:6	156	49:29-32	170
31:14-16	70, 72	38:6-11	97	49:31	161, 170
31:24	47, 73	38:8	156	50:7-9	170
31:55	73	38:8-10	157	50:12-14	170
34:1	132, 135	38:12	156	50:22-23	102
34:2	132	38:12-19	161	50:23	103
34:3	134	38:15-16	156		
34:4	134	38:24	157	출애굽기	
34:7	134, 135	38:26	98, 157		
34:8	134	39:1	125	20:5	86
34:11-12	134	39:6	125	20:14	152
35:11	158	39:7	125	21:22-25	109
35:16-18	48	39:9	126	22:22	163
35:18	111	39:10	127	34:15-16	56
35:19-20	119, 161	39:12	124, 127		
35:22	118, 119	41:43	44	레위기	
35:27-29	170	41:45	43, 44		
36:1	6	42:38	48	18:17	138
36:2-3	26	48:5	121	20:17	144
36:6-8	43	48:7	119	20:18-19	144
36:9	6	49:3-4	122	25:32-34	136
37	133	49:5-7	136		

민수기

1:23	136
13:32-33	51
26:14	136
35:1-4	136

신명기

2:20-21	51
3:11	51
5:2-3	85
7:3-4	56
9:2	51
10:18	163
21:11	134
23:2-4	139
24:17	163
24:19-21	63
26:12-13	163
27:19	163
28:9-10	44, 65
29:10-11	85
29:14-15	85
32:5	54
33:6	123

여호수아

15:14	51
19:1-9	136
21:1-42	136
21:11	51

사사기

3:4-6	57
5:15-16	123

룻기

4:10-13	163
4:11	99
4:12	99, 158
4:18	158

사무엘상

25:36-42	163

사무엘하

2:1-4	170
7:16	86
11	123
12:7-14	131
12:9-10	127
12:11-12	127
13	123
13:1-15	33
13:15	124
15:7-10	170
16:21-22	127

열왕기상

11:1	29
11:1-11	57
11:2-3	39
11:4	40, 59

역대상

1:32	80
5:1-2	121

성경 색인 **181**

욥기

1:6　　　52
2:1　　　52
38:7　　　52

시편

14:1　　　6
27:10　　　162
73:15　　　54
80　　　122
146:9　　　163

잠언

4:23　　　119
6:23-29　　　128

아가

8:2　　　36
8:6　　　16
8:6-7　　　41

이사야

3:9　　　143

예레미야

31:31　　　86

에스겔

23:5-6　　　57

다니엘

3:25　　　52

호세아

1:10　　　54

아모스

2:9　　　51
9:12　　　44, 65

말라기

2:16　　　77

마태복음

1:1　　　95
1:3　　　158
5:28　　　118
12:25　　　54, 86
12:47　　　100
18:22　　　109
19:8　　　139
19:9　　　76, 77, 79, 80
19:10　　　77
19:18　　　152
22:30　　　54, 152, 173

마가복음

10:7-8　　　19, 109
10:8　　　111
10:9-12　　　78

누가복음

1:37	94
1:42	101
2:35	100
2:36-37	164
2:38	164
2:41-43	100
8:19	100
20:34-36	54

요한복음

2:1-5	100
19:25	100

사도행전

1:14	100
2:39	86
10:2	86
15:15-19	65
16:14-15	86
16:31-33	86

로마서

1:18	146
1:21	146
1:23	146
1:26-27	146
7:2-3	80
12:19	137
13:1	137

고린도전서

1:16	86
2:9	173
2:10	173
5:1	140
5:4-5	140
6:9-10	124
6:13-16	116
6:13-20	130
6:18	152
7:1	19, 151, 153
7:7	19
7:12-13	66
7:15	65, 77, 80
7:16	66
7:26	19
7:32-35	154
10:8	152
11:9	18
11:11	18
15:33	139
15:51	173

고린도후서

6:14-18	59
12:10	101

갈라디아서

4:21-31	97
5:19	152

에베소서

1:11	31
2:19	65
3:6	65
5:25	28

데살로니가전서

4:3 152

디모데전서

5:4 162
5:8 162
5:9-10 162
5:14 162
5:16 162

디모데후서

2:22 124

디도서

2:4 40

히브리서

11:13-14 171
11:16 168
11:39-40 171

베드로전서

2:11 124
3:1-2 171

요한1서

3:2 173

요한계시록

5:9 97
7:9 97

옮긴이: 강규성
한국성서대학교 성서학과
총신대학 신학대학원(M. Div eqv)
총신대학 대학원(구약, Th. M. Ph. D.)
현재, 한국성서대학교 신학부 교수

성의 시작
THE GENESIS OF SEX

2006년 2월 26일 초판 발행

지은이 팔머 로벗슨

옮긴이 강규성

펴낸곳 · 사) 기독교문서선교회
등록 · 제16~25호(1980. 1. 18)
주소 · 서울시 서초구 방배동 983-2
전화 · 02) 586-8761~3(본사)　　031) 923-8762~3(영업부)
팩스 · 02) 523-0131(본사)　　031) 923-8761(영업부)
홈페이지 · www.clcbook.com
이메일 · clc@clcbook.com

ISBN 89-341-0892-4 (93230)

* 낙장 · 파본은 교환해 드립니다.